よっしー　くっにーの

沖縄・離島見聞録

櫂歌書房

伊平屋島
野甫島
伊是名島
古宇利島
屋我地島
奥武島
伊江島
水納島
瀬底島
宮城島（大宜味村）
伊計島
宮城島
平安座島
浜比嘉島
沖縄本島
津堅島
久高島
北大東島
南大東島
瀬長島
奥武島（南城市）

沖縄本島
ケラマ諸島の島々

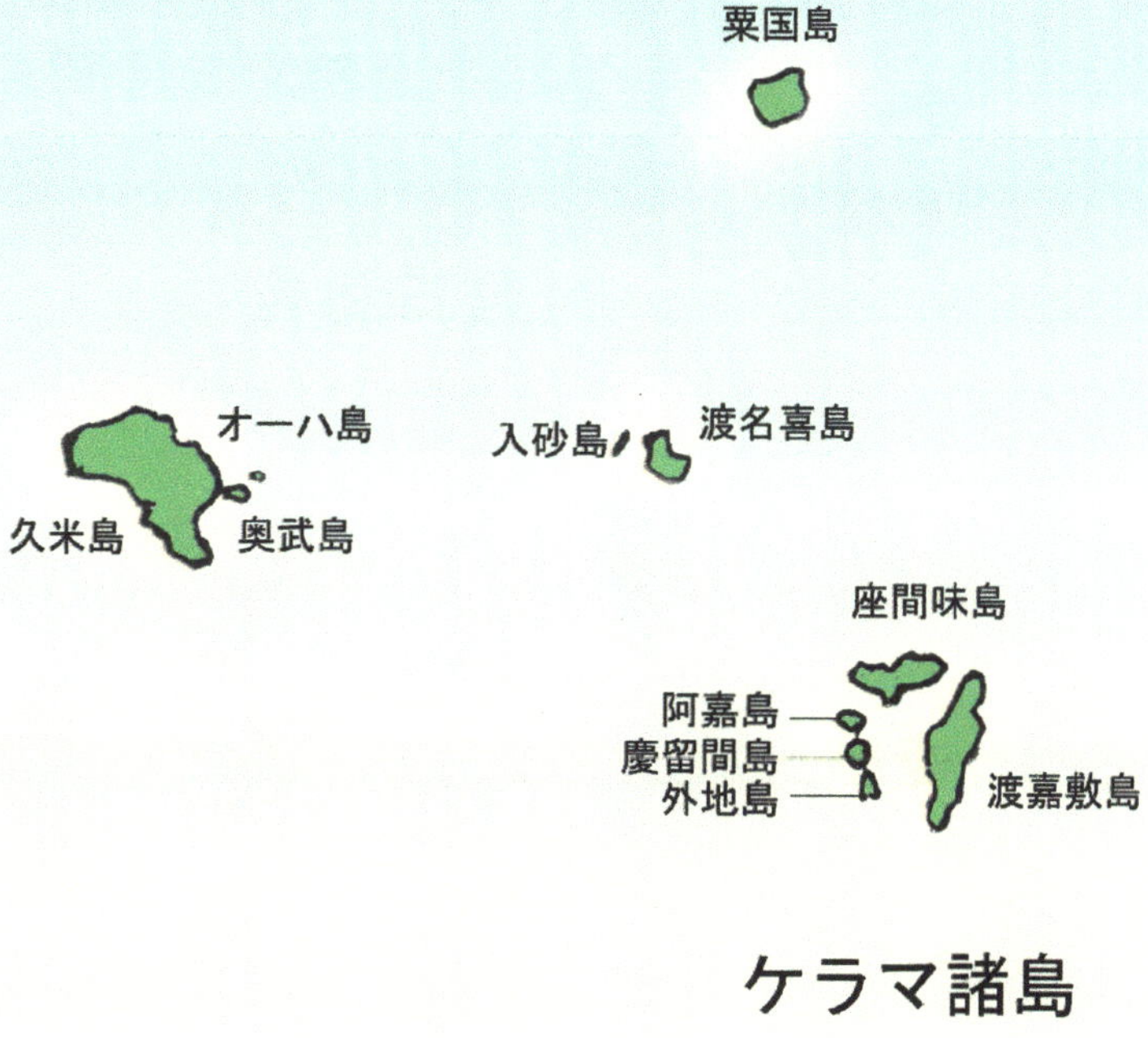

宮古諸島

八重山諸島
宮古諸島の島々

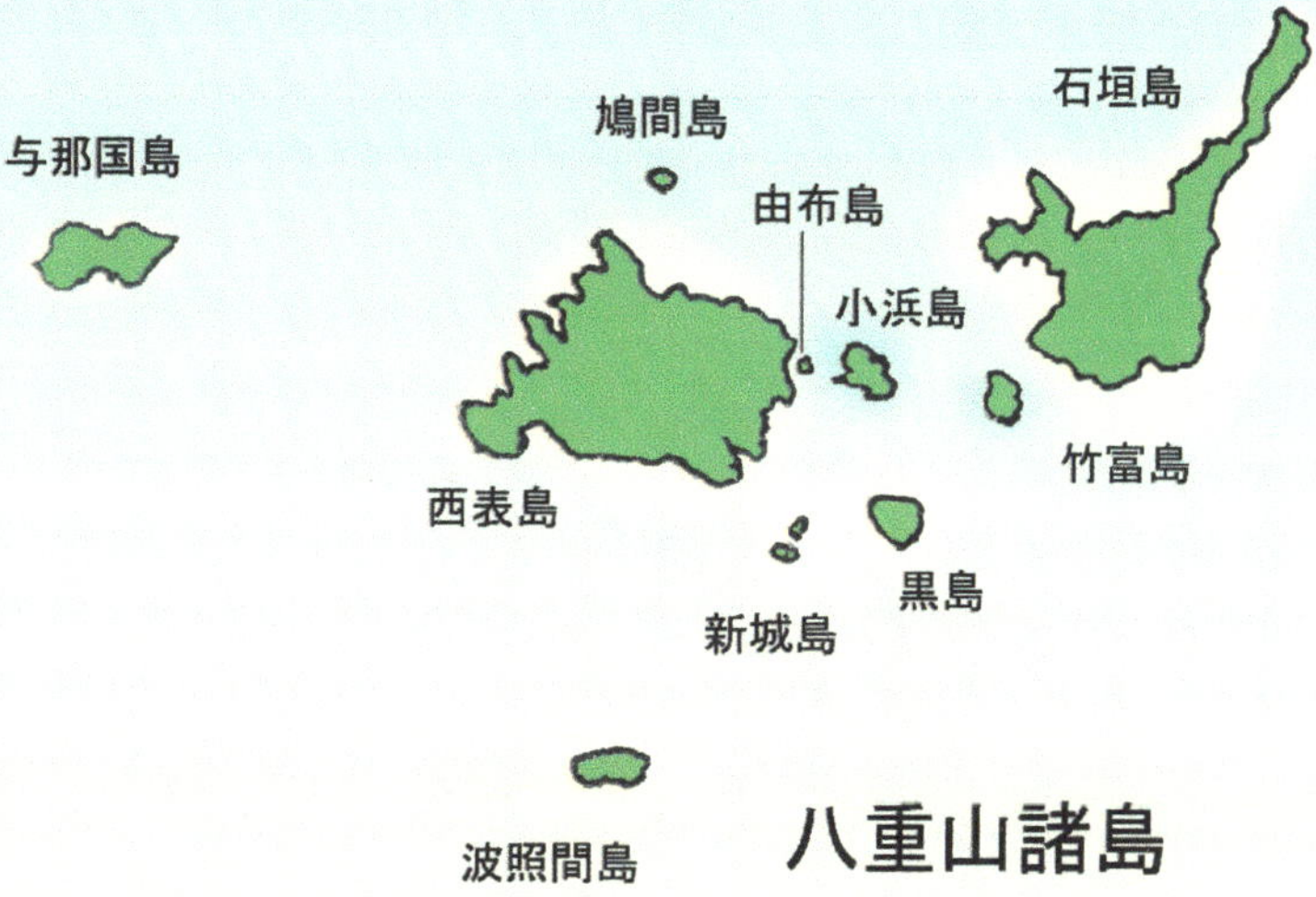

新人賞

［池武当］

「お母さん、何と読むか知ってる？」
タクシーで引っ越しの途中、高速道路の標識を指差した。

どう考えても
「いけぶとう？」

娘は笑う。

「いけんとう」

笑ってしまった。

「いけんとう・・・ねぇ」この名前が、今も一番心に残る沖縄の地名である。大学在学中にいた宜野湾市から、バタバタと引越ししてきた沖縄市松本。娘の研修医としての一年目。私は、福岡から沖縄に毎月一回、この沖縄市松本に通った。

福岡から那覇空港に着くと、高速バス一一一番に乗り「**池武当**」のバス停で降り、五泊六日程の荷物を入れた重いカートをゴロゴロ引っ張って、娘の所に行く。

高速バス一一一番は名護行き。那覇空港から乗る人は、いつも少ない。乗客二人の時もあった。

あまり少ないと廃止にならないかと心配になる。でも上りの那覇空港行きの乗客はわりと多いから安心している。大型バスで冷房がガンガン効いている。旅の人へのサービス・・・かな。

バス停にフリーゾーンというのがある。　空港から二つ目。「次はフリーゾーンです」のアナウンスに「あぁ沖縄にきたなぁ」

帰りは「沖縄とさようならだ」と区切りを感じる。そして、今でも、「フリーゾーンってなんだ」と気になっている。高速バス一一一番は、高い所を走る。しかも、バスだから見晴らしの良いことこの上ない。

この「池武当」の下りのバス停は、いつからか私にとって娘に会えるのはとても嬉しいが、辛いレッスンの始まりとなっていった。


娘の食事を作るのは、普段あまり食べていないであろう煮魚や幼い時からの家庭の味の物を作るだけだから、直ぐに出来る。娘の帰宅は遅い。いつも十二時前後。それでも、まだ医学関係書を読んでから寝ている。


身体を壊さないかと気になる。

栄養を取らせてあげたい。

私が沖縄に来ている意味がここにある。


食事の用意が出来たら他に何もやることが無い。

「他に何もすることがないなら、せっかく沖縄に行くのだから三線（さんしん）を習って新人賞までぐらい取ってきたら」と、くっにーの口から。

「新人賞をとりたい」と言えば、「こいつは真剣にやるつもりだな」と丁寧に教えてくれるはずだという。とにかく松本に近いレッスンの先生をインターネットで探した。**「照屋太鼓三線店」**とある。バス一本で、十五分位で行ける。くっにーが電話をかけた。「ああ　いいですよ」と先生の弁。ここに決めた。

声に特長がある。そして、「もしかして、あの有名な**テルヤマサオ**さんですか」

「はい、そうです」

「・・・・・全くの素人ですが・・・・・」

大先生と分かっているなら断っていたのに。先生は「ああ　いいですよ」と簡単に言われた。しかも、普段自分で電話は取らない先生だ。その先生と直接つながったのは、何かの縁であろう。後で聞いたのだが、先生は「本土からの電話だけで、本当に来るとは思わなかった」と言われた。そうかも知れない。生徒の私は、人前で唄うのが大のニガテ人間である。レッスンは一回二時間。一　対　一、　沖縄民謡界の大御所　対　オンチ。五日間連続である。

「何が唄える？」

「**芭蕉布**です」

先生の軽快な三線の伴奏に妙にのって唄った。とても唄いやすい。唄うのがニガテなのにとても気分よく唄えた。この唄はくっにーがよく唄っていたので知っていた。

「他に知っている曲は？」

「**安里屋ユンタ**です」この二曲が二ヶ月続いた。

「ずっと唄っていたかって?」いいえ、先生に沖縄の話を聞いたり、先生の持ち歌を唄ってもらったりしていた。そして、その休憩時間に沖縄独特のオヤツがでた。

パッションフルーツ。「食べなさい」「はい」

半分に切ったパッションフルーツ。皮の色はワイン色。形はどうみてもカラスウリ。半分に切ると、中もカラスウリみたい。

「先生は食べているけど、私はきっとおなかを壊すだろうなぁ」と思いながら、しぶしぶだけど笑い顔を作り食べ始めた。種を一つ一つ出して食べ始めた。種のゼラチン質がなかなか取れない。奮闘する私。先生と奥様が笑う。「種ごと食べなさい。種の周りを取ると種がトゲトゲなので胃にチクチクよ」

「えっ」おそるおそる種ごと飲み込んだ。私が半個食べる間に八個食べた先生。

その後の事だけど、本土のテレビで
「パッションフルーツを半分に切り、泡盛を少し入れて食べるというか、飲むとカクテルになる」と言っていたので我が家で実行した。美味しい。カラスウリではない。この食べ方は先生には言ってない。痛風がときに出る先生には、酒類の美味しい頂き方は禁物だから。

三ヶ月目。

「もう安里屋ユンタは卒業」

「コンクール受けたいね」

「はい」

コンクールは、登川流新人賞は**「豊節」「歌の心」「沖縄メンソーレ」**の三曲のうちから一曲選ぶことになっていた。「歌の心をやります」次の日、「いや、豊節をやります」

「歌の心」に決めようとすると、難しい所が出て来る。あわてて、「豊節」にしようとするとこれも難しい所が出て来る。二曲の間をちょっとかじったり、行ったり来たり、迷いに迷っていた。

「沖縄メンソーレがいいかも」と奥様が言った。「沖縄メンソーレ」は、第一印象が子供の歌のように感じたから、はなから考えてなかった。私の声の質から薦められたのかも。私だって大人だ。もう大人を卒業するくらい大人だ。大人の唄を唄いたい。より沖縄っぽい方に決めよう。もう迷わないぞ。「豊節」に決めた。

この曲は**登川誠仁**（誠小＝セイグヮー）の作詞・作曲だ。難しそうだけど、直ぐに唄えると思った。しかし、これは**芭蕉布**や**安里屋ユンタ**とは何か違う。「何か違う・・・」私には、「とんでもない世界に入り込んだ」と思った。

覚えたい、唄いたい。なのに、「豊節」がピーンとこない。唄えば唄うほど変になる。

新曲の**「涙そうそう」**、**「童神」**、**「島人ぬ宝」**を初めて聴いた時すぐに頭に入ってきたのに。沖縄民謡の「豊節」がこんなにピーンとこないのは何故だ。「何だ、これは?」と「豊節」がイヤになりそう。私にはこれが音楽には思えなかった。

工工四《くんくんしー》**（三線の楽譜）**から楽譜が見えてこなかった。先生が、一小節唄って、そのあと一緒だと唄える。一人では音程もなにもあったものではない。唄が曲としてまとまらないのである。コンクールに出たいといっても、これではそれがいつになるのか分からなくなった。今なら言えるかも、「コンクールには出ません」喉まで出かかった。

でも、先生は、その気で一言ひとこと教えて下さる。豊節の工工四を、一つ一つ分解したようにして書いて教えてくれる。

　音楽は大好きである。唄うのが好きだったら、こんな事で悩むことはないのに・・・唄は好きだけど、唄えない。唄い方が分からない。小さなトラウマがある。

小学生の時、合唱コンクールに出る一員になった。二部合唱の為、ソプラノとアルトに分け始められた。六年生だったのに、アルトの意味を知らなかった。ソプラノとアルトを上手と下手に分けられたと思った。ブスッとした先生に「はい、アルト」と言われ、「アウト」と宣告されたと思った。

ソプラノの方に選ばれた子は明るく、ハデめな子たちで、アルトは控え目な子ばかりだった。今では曲はアルトがあってはじめて綺麗なハーモニーになると分かったのに、あの時は、「面白くない変な音の方を、何で歌わないといけないのか」と、ちっとも楽しくなかった。それ以来高校の選択科目も書道をとるなど、音楽から離れていた。そして、音楽は聴く方に回っていった。

だから唄うのは、いまいち好きではない。この人間が、五十代後半で三線を弾いて唄う練習である。しかも一人で。先生も「何でこんな人に教えなければいけないの」と思っただろう。

でも、先生に出会えたから、沖縄が好きになったと思う。沖縄の全てに、質問ぜめにする生徒を先生は、どう見ていただろう。

「安里屋ユンタ」の三番「田草取るなら十六夜月夜」とある。

「何で夜に草取りなんかするのですか」

「昼間は暑いからよ」納得！

たしかに、暑い。私でもいやだ。買物も昼間は行きたくなかった。あの暑さの中で草取りなんかしたら、倒れるさ。私の住む福岡で、夜中に草取りなんかしたら怪しまれるだろう。

「豊節の二番に、ドシンと音がするんですけど・・・」

の質問に先生は、

「ん・・・・」

「世果報どしんけてぃ」の所。今なら笑えるけど、本当に「何のこと、イミわかんない」と思った。

世果報どし＝世果報《ゆがふ》の年
んけてぃ＝むかえて・・・の事だった。
そうだったのか。ここで、ドシンとしりもちの音でもないし。

先生の持ち歌、**「ちょんちょんキジムナー」**の中に「トゥルバイ」とある。イミを聞く私。先生は壁に座して寄りかかり、でれんとした格好でアホのようになった。

「これがトゥルバイ」

その顔は、とてもそのようだと表現していた。もう一度して下さいと言いたかったけど言えなかった。でも、もう一度見たい顔である。みんなにも見せてあげたい。先生は**「ホテルハイビスカス」**や、いくつかの映画にも出演した役者でもある。

先生に会えて良かったなぁと思う事に、沖縄の事が聞かれる。しかも、戦前、戦後が聞かれる。私の探究心に火がついた。「生（なま）の沖縄」が聞かれる。こんなにありがたいことはない。

「戦争の時を、どんなに覚えていますか」一番、聞きたかった事だ。姉さんの背に背負われ、「なんで、こんなに揺れるのかな」と。これをとても強く覚えていると。慌てて逃げていた時の事かもしれない。敗戦の時、六歳だった先生。六歳以前の記憶であろう。

先生の戦前の話は、これだけだ。言えない記憶があるのかも知れないが、男の人は意外と小さい時の事を覚えていない。くっにーも小さい時の事を案外覚えていないのと一致する。戦後の話は、あるある。書き尽くせない。のど自慢のようなものがあり、商品が欲しくてよく出た話。醤油が貰えたそうだ。物が少ない時、親を喜ばせることが出来たと。髪の毛ふさふさの先生が楽しそうに唄っているのが目に浮かぶ。

登川誠仁さんの二十代の話。**嘉手苅林昌**さんと馬の話。**照屋林助**さんと電信柱の話など、沖縄民謡界の話から、沖縄の戦後が見えるのが嬉しい。「そうなんだ・・・」と、今まで見えなかった沖縄が少し見える。

娘の目覚ましが、毎朝六時頃に鳴り響く。昨日は何時に休んだのだろう。お母さんは起きなくていいからね、自分で起きるから、と言っているが、直径二十五センチぐらいのかなりデカイ目覚まし、ケータイ、普通サイズの三つの目覚ましが、グヮーン・・・・・・・ジリジリ、ジーリ、ジーリ鳴り響いている。上階、下階、左右の部屋には、絶対聞こえている。いつまでも起きていないようなので起こしに行くと、その騒音の中で、スヤスヤ眠っている。目覚ましの音を、子守歌としているみたいな寝顔である。起こすと、「大丈夫、起きられる」といって、あわてて出勤する。

昼間の長い練習。夕食の下ごしらえは直ぐに終わる。

レッスンは午後六時からだから、昼間は窓をあけている。三線は当然お隣に聞こえている。たまに、未熟な弾き方で**「唐船《とうしん》ドーイ」**を弾いた。そういう時、隣の小さな子三人が部屋を走り回るのがわかる。パーランクをたたいて、掛け声をたてている。私の下手な唐船ドーイに反応しているようだ。早く、上手になるからねと心に誓う。


レッスンから帰ってから、娘が帰ってくるまで三線ばかりである。三線練習に疲れると、ぼんやり窓の外を見る。三キロ先に高速道路が見え、ヘッドライトのあかりの車が行き来している。沖縄の夜は本土より、ゆっくりと時間がながれる。

旧盆が近づいている。スーパーに旧盆の料理が並び、夜になると三線、太鼓の響き、エイサーの唄が聞こえ、わくわくしてきた。

旧盆の夜九時頃、住いのすぐ横を**松本青年会**のエイサー隊が通った時は、お隣の小さい子と手をつなぎエイサー隊の後をついて回った。旧盆の最後の日。夜、目が覚めた。夜中三時だった。遠くのあちこちにまだエイサーの音が聞こえる。ちっともうるさくない。むしろ、この夏の夜を愛しむ音が、嬉しかった。若さを、羨ましかった。

私は今まで若者を見て、「若いっていいなぁ」とあまり思ったことが無かった。思わなかった。

今は、エイサー隊に出会うと、悔しいほど、若さに嫉妬する。

沖縄の音が好きで始めた。沖縄の音に近づきたい。

練習、練習、練習。指が擦り切れる。でも練習しかない。擦り切れて痛い指にセロテープを巻きつけて弾いた。

唄が全然ダメなのは自分でも分かる。三線を私が弾くのを見て、「未熟な弾き方」と先生はいう。

「どうしたらいいですか」

「練習しかない」と言われる。声は色気がないと言われるし、三線は未熟と言われると、まるで子供だ。本当に子供だったらいいけど。夜はいつも窓をピッタリ閉めてその中で唄った。五日連続で教わるのだから、今日より明日、進歩を見せなくてはと焦ってばかりいた。先生は、「あせるな、遊びなんだから」と、安心させてくれるのだが。


八月二十六、二十七日あたりだった。

沖縄市のコザ運動公園で**「全島エイサー大会」**があった。まだ、トンデモナイ暑さだ。その日は急に、凄いスコールがきた。全島エイサー大会の広場はビショビショ。中止になるだろうと諦めかけていたら、空は、ギラギラと晴れてきた。紫外線がギラギラだ。日陰で見学したいのだが、そこは、午前中に整理券配布済で入れない。しかたなく、ほとんどの見物人は暑さの中で見る。トイレに行くにも直ぐには行けない混雑だ。

各地域の幟（のぼり）が次々にやって来た。暑さよりも、どこだ、どこだと、そちらの方が気になって来る。

「〇〇青年会」「〇〇青年会」の中に、

ひらがなで、**「ぐしちゃん青年会」**と揚げたノボリが出て来た。私は、とっさに、「さんまちゃん青年会」と言う様に、おふざけで書いて出てきて、「マァー」と思い、一緒に行っていた沖縄在住のマキちゃんに「ふざけているのがある」って叫んだ。マキちゃんは、私を鎮めるように言った。

「ふざけじゃないの、ぐしちゃん（具志頭村＝方言・ぐしちゃん）って地名なの」

私は恥ずかしかった。周りに聞こえなかったかしらと、とても恥ずかしかった。

若さのぶっつけ合い、生きる喜びを青年達は唄い、踊った。そこには、命が息づいていた。

私のすぐ横に五十代位の女性が一人で見に来ていた。エイサー隊の踊りを見ながら、流れてくる唄を口ずさんでいる。地謡に合わせて唄っている。沖縄にきて間もない頃だったので、私には何の曲かわからない。

「この人はきっとエイサーで想い出を持っているに違いない、涙が出る程、懐かしいこの場所に来ているのだ」そう思わせる口ずさみかただった。少しやつれていた。想い出の人との事を、思い出して唄っているのだろう。

私は客が先生の店に来るのが、いやだった。練習中だからではない。たまに客の前で「唄ってみなさい」と言われる。一番を唄うのがやっとだった。息継ぎさえ苦しくなった。私は恥をかくだけだった。
(恥をかくのが一番の勉強)と、分かっている。でも、恥をかくのは、つらいなぁ・・・
レッスンに行くのだから、おやつまで出されるのは気の毒でならない。でも、「それ、何ですか・・・」「どうやって、食べるの」「作り方、教えて下さい」の質問生徒に、気長に教えてくれた。おやつに出たドラゴンフルーツ。赤と白があるようだ。赤は赤紫に近くどぎつい色だ。なのに味は、びっくりするほどさっぱりしている。うすい砂糖水のようだと思った。

先生の作業場、**「てんてんハウス」**で、テレビロケがあり手伝いをした。ドラゴンフルーツの盛り合わせをディレクターさん達二名に持って行くのをやった。

タレントは**ウド鈴木、ガレッジセールの川田**。二人はまだ来ていない。二人が登場する前の打ち合わせらしい。

「山下さんも食べなさい」と言われ、いただいたが、食べた後の皮の置き場所がない。

困っていると、先生は、裏窓を開け、自分の食べた皮を、窓の外にポンと投げられた。窓の外には、先生が飼っているニワトリが待っていましたと皮をつついていた。先生はこれが自然だよと言う様に笑っていた。

ウド鈴木、ガレッジセールの川田さんがやって来た。

「てんてんハウス」と書かれた所を指差し笑いながらやって来た。

私も初めて「てんてんハウス」と書かれた所を見た時、笑った。南国沖縄の文字だった。私にはそう思えた。ペンキがながれて乾いている。ウド鈴木、ガレッジセールの川田さんは、三線の制作過程を先生に、聞いていた。

ロケは、[二人が三線を習って、**涙そうそう**を弾く]という番組で、三ヶ月位で弾きテレビで発表するということになっているらしい。

庭から、さとうきびを切ってきて食べ方を教えたり、食べて見せたりと先生のペースで進む。

「先生、早く三線を教えて下さい」と二人は言う。「おう、そうだったな」と、やっと気づく先生。

二人はずっこけていた。

涙そうそうを三線で弾いて唄うのはかなり難しい。弾くだけ、唄うだけはできる。まして、心をこめて唄わないとこの歌のよさが出ない。先生は、かなり古い歌も、涙そうそうの様な比較的新しい歌も直ぐに、弾いて唄ってくれる。しかも、心をこめて唄われる。

私は、「唄うのが下手なので、あまり唄えない」

と言うと、先生はこう言った。

「唄うのが下手な人は、唄ったらいけないという法律がありますか?」


ある時、田芋(ターンム)のてんぷらがおやつに出た。色は、地味な灰色の薄い色。サトイモとサツマイモの中間の味。とても口に合う。スーパーに丸ごと茹でて売ってあるのが分かった。

「あまり日持ちしませんよ」と言われた。お土産に買って帰ったが悲しいかなやはり失敗だった。

福岡での話になるが、沖縄料理店**「がちまやぁ」**のメニューに田芋(ターンム)を使用した、

ドロワカシーがある。来店者にあの有名な、**「童神」**の唄者の**古謝美佐子**さんが、いつもこれを注文されるとか。私もハマッテしまった。二人前でも足りない。もっと食べたいと思うけどいつもガマンしている。他の人の分も考えなくてはね。

私は良いことに気がついた。

先生の奥様に本場のドロワカシーの作り方を聞いて教わり、我が家でも作ってみようと。「ドロワカシーを奥様に教わって来るからね」と意気揚々と出かけた時の沖縄。

しかし、これは普通の家庭では今では作っていないらしい。先生も、「昔、宮廷料理だった」と、あまり興味がなさそう。

あぁ、美味しいのに。最近、がっかりした最大の出来事だ。

いつか、田芋（ターンム）を自然の中で見てみたい。

いつか、田芋（ターンム）の収穫を見てみたい。

いつか、田芋（ターンム）でドロワカシーを作るのを見てみたい。


先生の言葉に「大和」とよく使われる。先生の友人に「大和から来た山下さん」と、紹介される。初めの頃はとても変だった。福岡に居る時、「大和」「本土」という言葉は、ほとんど使わなかった。使った事は無かった。以前、教科書に出て来たとき、「ふうん」と言うくらいにしか意識した事がなかった。私にとっての大和は、「戦艦大和」しかなかった。だから、大和と言われると、しばらくは何だか変で嫌だった。

今では、

「やまとんちゅ」（大和の人）

「ほんど」（本土）
「ないちゃー」（内地の人）直ぐに、こっちのことだと分かる。不思議な変化だ。

先生宅までの道は、バス一本で行ける。（百六十円）一時間に三本ある。このバスに乗る時、昼間は二、三人のおばさんのみ。レッスン帰りは、コザ高校の生徒とよく乗り合わせた。浅黒くて健康色の女の子。ダ・パンプのイッサのような男の子。まず白くてポッチャリ型の子には出会わない。小学生の男の子など、ほとんどカリッと引き締まった身体の子が多い。娘が大学一年の五月の連休に帰郷した時、もうすでにこんがりクッキー色になっていた。四月に沖縄に行ってすぐの五月である。もともと色白の子である。沖縄の太陽はいい色にやけるのだなぁ。若い人にはいいけどね。


娘のマンションからバス停までの道端に**ジュリガーマーチ**という立て看板があった。きっと春にでも大きな祭りがあり、マーチ（行進）でもあるのだろう。でも、何時あるのか期日を全然書いてない。「沖縄ってテーゲーだなぁ」と、しばらくは横目で看板を見て通り過ぎていた。ある日、時間の余裕がありよく読むと、

（美しい女郎の姿に似ている松）と書いてある。

マーチでなく松である。

マーチを「パレードがあるんだ」と早とちりする祭り好きな私の一面。**ジュリガーマーチ**のすぐ側の歩道を歩くわけだが、四角いシーサーが歩道の車止めになっていた。シーサーは屋根の上ばかりと思っていたので、本当に驚いた。

「えっ、こんな所に」と。

その後、歩道を良く見ていると、あるある四角いシーサー。大きなサイコロの様なシーサーの顔が面白い。屋根以外に門の上のシーサーしか知らなかった。

シーサー専門のお店があるのも面白い。沢山のシーサーの中で傑作は、小さいシーサーで天を仰ぎお願いをしていた。受験の季節だった。少し立ち上がってお願いしていた。


沖縄は、南部、中部、北部と観光コースがあるが、どのコースも一応行ってみた。

ドライブの途中には沖縄民謡に出て来る地名があちこちにある。それがとても面白い。

「名護の七曲り」なども それだ。その名を取った店があり賑わっていた。沖縄の店の名前は私にはとても面白く思う。沖縄民謡からとってあるのが多い。**「てぃんさぐぬ花」**の歌詞から「にぬふぁぶし」などの店名を見つけると嬉しくなった。


先生のレッスンを受けるようになってから、**「豊年音頭」**に出て来る**フクギ**が分かり、他の木と区別がつくようになった。とても気になっていた木だ。

フクギに初めてであったのは先生宅。「うちにあるよ」

道路側にフクギとハイビスカスが塀のようになっていた。フクギの葉を三枚もらい、大事に持って帰り福岡で冷蔵庫に入れ、友達に見せた。今、考えると、三枚の葉からフクギの木を想像するのは難しかったと思う。フクギは可愛い。トピアリーのような格好で、街路樹となっているのを見ると、本当に可愛い。

ドラゴンフルーツ、アセロラ、シークワサーなども先生の所で初めてであった。アセロラは赤い実。奥様は「アセロラを収穫する時、手が痒くなる」と言われる。

そういえば、一粒取ってみた時、実の周囲は何となく、クモの巣みたいなのがあった。これが痒いのかも。赤い実をたくさん食べた。アセロラはジュースでしか知らなかった。

沖縄で、初めて出合った花に**ゲットウ（月桃）**がある。

これも先生の庭に咲いている時だ。一メートル位の草丈。葉はハランの形だ。白い小さなスズをいっぱいくっつけた楽器のような花である。

ホテル群と空港を結ぶバスに、芭蕉号、月桃号がある。

一度月桃号に乗った。**恩納村**の海岸線に沿ってホテルからホテルへと走るのでリゾート気分が満たされた。

月桃の葉に包んだモチがある。沖縄の味は私には大体口に合うが、この月桃のモチはもっと食べたいという味ではないのが感想かな。月桃の花を先生に貰い、大事に持ち帰り福岡の家でしばらく観賞した。

先生の作業場てんてんハウスにはパッションフルーツが育っていた。つる性で、ハウスの壁を這いあがっていた。他に、パパイヤ、紅イモなど、何となく原始的な風景の畑である。

三線を作る先生は、三線の部品の中にいる。長さは五～六メートル、幅は三十～四十センチ位ある乾燥したニシキヘビの皮、黒木かどうかよく分からないけど、作る途中のサオや、胴だけのものがいくつもコロンとある。

三線の胴は組み立ててないと何だかおかしい。ある日乾燥したニシキヘビ皮を水槽に付けてあるのを見せて貰った。

私は田舎で育ったのでヘビは怖くない。棒で突いたりできる。「キャアー」なんて言わない。でも、動くヘビを触る事は出来ない。

今、私はニシキヘビの皮と対面してかなり強気である。乾いたものは触った事があるので、濡れているのを触ってみたかったので触った。固い感じはそのままに感じた。しかし困った。触った手がいつまでも臭う。だけど先生はちっとも臭いがしない。店の中も全然におわない。

いつか、三線のY先生の横に座ったらあのにおいがプーンとした。先生は何で臭いを消しているのだろう。

三線を習っている途中、先生が首をかしげ、

「貸してごらん」と取り、三線をバラバラにした。「あっ、壊れる」と心配になった。

先生は、本体の一部の小さい穴の入口をゴシゴシと削り、小さな木切れを差し込み、また元の三線に組み立てた。

「三線の中って、そうなっていたんですか」

覗きこみ、びっくりした。楽器の中は気になるけど普通見る機会が無い。そういえば、この頃太い弦を弾く時、いつまでも弾いた音が残っているようだった。修理の後、その雑音がスーッと消えた。先生には簡単な事のようだが、私には凄い手術の様に思われた。

半年も経ったまだ暑い頃レッスンに行くと、先生が店の板張りの部屋でマクラにちょうどいいような黒木をあてて昼寝のようだ。玄関を開けても、

「こんにちは」と言っても動かない。よし、私の茶目っ気にスイッチ・オン。

私達のあいだの「お・じ・さん」をつま弾いてみよう。

「合、四、工」

「ウッ、　ウーン」

さすが三線の音には敏感だ。

「三線で起こされたのは初めてだ」と笑っていた。

「しめしめ」天下の照屋政雄を三線で起こしたヨ。


自然の中では黒木はどの木なのか区別がつかない。似ている木に街路樹で、そうかなと思ったけど、「イスの木」と書いてある。黒木には、**「黒木」**（くるき）と書いてくれればいいのに。でも書いたら価値のある木だから、なくなってしまうだろうから書くわけがない。

大きなお屋敷には必ず一本は黒木が植えてあると誰かが言っていたようなので、気をつけて見ているけど、「そうかな?」ぐらいで決定できない。

芯が黒いそうだ。黒木の三線は重い。黒木がゆっくり育つから、固く、重くなるという。


その後、**今帰仁城跡**《なきじんじょう》で、大きな、立派な黒木に出合った。黒木の花の写真と、黒木の説明もしてある。すぐ、「この木で、三線が幾つ作れるかな」と思った。相当作れそうだ。先生が見たら、何と思われるだろう。先生も、

「この木で、三線が幾つ作れるかな」だろうか。

そして、黒木の前で、今帰仁城の、誰がどんな思いで、この木を植えたのだろうと思った。

今帰仁城跡は**カンヒザクラ**で有名だ。まだ春はずうっと後なのに、と思う頃、福岡で見る新聞に今帰仁城のカンヒザクラが毎年載る。まだ、一月頃の事だ。可愛いピンクの色が、何ともいい。

これを見ると、「沖縄っていいなぁ」そして、「カンヒザクラを目の前で見たいなぁ」と、ずうっ

と思い続けてきた。
寒緋桜の季節にピッタリ沖縄に行けるとは限らない。いつも、まだ早すぎるか、咲き終わった後だったりした。娘の大学入試で沖縄に来て以来、七年目にやっと出会った。池武当バス停で降り、小道を下る所で初めてまじかにカンヒザクラを見つけた。近づきたいけど、その前に藪がある。
「友達に見せたい」ケータイで撮ろうと試みた。何度やっても暗く写る。
暗っぽいカンヒザクラを写メールで送っても、みんな感動しないだろう。諦めるしかなかった。目にやき付けておこうと、いつまでも見ていた。カンヒザクラは沖縄の春の色をしている。色が南国だ。本土のソメイヨシノをほんの少しだけ濃くしたように思う。

那覇空港でお土産を探していたら、カンヒザクラの絵をスケッチした絵葉書があった。しかも月桃の葉で出来たハガキである。
「いつか、一緒にカンヒザクラを見に沖縄に行きましょう」私は学生時代の友に七枚のハガキを投函した。後に、**識名園に**行った時、今度はデジカメでカンヒザクラを撮ったが、やはり、あの可愛いらしい形と色が上手く撮れない。観光パンフレットのカンヒザクラは本当に良く写っている。カメラと腕の力だろう。

沖縄の山原《やんばる》に行くと道路の左右は本土とは違う植物、木がうっそうと茂っている。戦争の時、この南国の山の中を、人々は逃げ惑ったのかと想像する。辛かっただろう。南国のジャングルである。ハブも多くいただろう。食べ物も無く、着替えも無く、スコールの多いこの山の中を、人々は何故逃げ惑わなくてはならない運命になったのだろう。小さい子を連れて、又、お腹の大きい女性もいただろう。このジャングルのような風景を見る度、光景が目に浮かぶ。南部はあまり行きたくなかった。でも一度は見ておかなくてはと思い、行った。

晴天の日だった。

平和の礎は、沢山のクワディーサーの木と並んでいる。クワディーサーの葉がゆらぎ、悲しみが伝わってくる。クワディーサーの実は、ウルトラマンの、あの顔のモデルだそうだ。急にウルトラマンの話になってしまったが、ウルトラマンの話も、沖縄とつながる所で、私には悲しい。

クワディーサーの木陰を歩きながら空を見上げた。まだ、悲しみが語りかけている。

「語り継ぎますから、どうぞ安らかに」

と、祈るしかなかった。

三線を初めて習い始めたのはくっにーの方だった。福岡で沖縄出身の儀間真功先生についた。三線を初めて買ったのはくっにー。しかも習い始めてから二～三ヶ月も経ってから。初めは儀間真功先生から借りていた。直ぐに買わなかったのは、難しくて止めるかも知れないと思ったそうだからだ。調弦や、諸々の事に奮闘していても、音にならない三線にイライラするのを見て、「止めたら」と、喉まで出かかった。三ヶ月経ったころだった。ある日、音になった。唄らしき音が聞こえる。「沖縄の音」が響いてきた。

その頃、私は三線に興味はなかった。ピアノを少しかじっていたし、フラワーアレンジメントに忙しかった。少しずつ、**「安波節《あはぶし》」**という沖縄の唄を唄うようになって来たくっにーが楽しそうだ。ちょっぴり気になる。くっにーが出張に行っている時、三線を触った。

「触っていいよ」と言っていたけど、こわごわである。カラクイを少し触りたくなって動かした。音が変になった。焦ると、ますます変になり元の音にならない。電話で「どうしたらいいの」と聞こうと何度思った事か。でもこんな事で仕事中のくっにーに聞くわけにはいかないし。奮闘努力した。ダメだった。悔しい。私も弾けるようになりたい。調弦をする楽器に興味がわいてきた。

「私も三線やってみようかな」という訳で、今日に至った。

くっにーが習い始めてから一年ほど経った頃、「黒木の三線が欲しいのだけど」と言いだした。「高いし、まだ下手なのに」と思った。今なら手頃で買えるらしいと本気だ。しかたがない。購入する事になった。私はキーボードを「買って、買って」と買ってくれるまで言い続けたから、ここで、「そんな・・・」と言いにくかった。

今、我が家に五丁の三線がある。その中で私のお気に入りが、その唯一の黒木の三線である。

ずしりと重いが、好きな音がでる。くっにーが買ったものだが、最近わたし専用みたいになってきた。沖縄でのレッスンに持って行った時、先生が「これは、高かったでしょう」と直ぐに言われた。

沖縄への往復で、空路での楽しみは、ヘッドホーンで聴く音楽と落語。今迄の最高は、ラベルの曲、ボレロを聴いた時。帰路だった。晴天の空、鹿児島上空、開聞岳から阿久根方面の海岸線を上空からなでるように進む飛行機。

ボレロは、地球の一部を愛でるように響く。唄（豊節）を思ったように唄えない、弾けない悔しさがあったからと思う。ボレロを聴きながら、涙があふれ出た。

「もう一度、がんばってみよう」

「ここで諦めたくない」

誓った。

二月に沖縄行きの切符を取って、くっにーと行った時の事だ。沖縄は旧暦の一月一日だった。正月そうそう照屋先生宅に行ったたって事だ。私は単純に二月六日の平日だと思っていた。ちょっと恥ずかしい。旧暦での行事が沖縄には多いという事を知った。

先生が旧暦一月二日の読谷村の正月行事に私達を連れて行ってくれた。先生は読谷村生まれだ。

「うちなー正月」が行われていた。

読谷村の名士が一同に集まる正月恒例の交歓会だそうだ。

この読谷村は、「ゾウの檻」があった所だ。テレビでよく見ていたので、一度見ておこうと思っていた。見渡しても見えない。昨年取り壊されたという。読谷村は広い。なだらかに海の方へ下り坂になっている。この土地へ海から戦がやってきたのだな。そう思うと、この戦いは何のためだったのだろうと考えた。ほんのちょっと前の事だ。昔ではない。

「うちなー正月」は**謝名亭**で行われた。かがり火が赤く燃えていた。**「かぎやで風節」**が聞こえる。祖先を祭る祭壇がある。沖縄の正月料理が並んでいる。ウサンデー、といって捧げたものを皆でいただいた。今年も幸せにとの願いを込めて食べた。うちなー言葉が飛び交い、何を話しているのか良く分からない。本土から来たというのが直ぐに分かる私達。何となく白っぽい。土地に似合っていない顔色だ。

お酒のせいかも知れないが、私に、「どこから来た?」と、しつこく聞いてくる人がいた。「福岡から」と言っても、その人は納得してない顔だ。その日私は、中国の服の感じの物を着ていた。そして髪型をひっつめていた。沖縄の人から見ると、中国の人に見えるのかも。「うちなー正月」に集まった人達は、瞳を輝かせている人が多い。穏やかな佇まいだが、内に秘めたものが私に見えてくる。ゾウの檻を追い払った力が見える。

謝名亭は沖縄独特の建物だ。この季節なのに寒くなかった。暖房も、もちろんない。私は薄いブラウスを二枚重ねただけだ。玄関は開けたままだが、寒くない。

謝名亭に続く道路の塀の上に、色々な創作シーサーが飾ってある。その中に大きな口を開けガハハと笑いながらピースをしているシーサーがあった。

あわてでデジカメで撮った。

「うちなー正月」の事が、翌日の**琉球新報**の一面に載っていた。なんと私達が写っている写真が掲載されている。何だか、恥ずかしい。沖縄らしい中に、本土の人間がいるのが分かる。観光で来ていると理解してもらう事にしよう。


池武当に通った二年目の秋。**「登川流沖縄本部第二回民謡コンクール」**が近づいた。コンクールの五日前から、良く眠れるという薬を飲んだ。前日は飲まない事にした。先生の知っている人が前日に飲んで、当日もボンヤリして歌詞を忘れたそうだ。歌詞忘れ、歌詞間違いは不合格になる。五日前から、夜何度も目が醒める。すぐ豊節が浮かんでくる。私は眠っているつもりだけれど、頭は豊節をガンガン唄っている。眠りが浅い。

こんな事を続けていたら寝不足になり身体に悪いなと思った。自分でも可笑しく、悲しくなった。そして、怯えた。


コンクール当日、早目に会場に急いだ。会場を覗くと、

「しめた！」

私が何度も経験した、試練の場所と同じ造りだ。教師として勤めていた時、全校生徒を前に挨拶した講堂のステージである。もう数え切れないほど回数をこなしたステージと同じである。

小人数の前での挨拶より、全校生徒を前にしての声出しは、ちょっと癖になるくらい、快感さえ

覚えるくらいになっていた。

これならいける、パワーがみなぎってきた。

女性は**「カンプー」**を結って出場する。しかし私の髪は、がんばって伸ばし続けたが、この日迄に間に合わなかった。おばさんのただのアップで間に合わせた。

それを見た先生は、「おすもうさんでも、結えない人がいるしな」なんて言って笑った。

控室でカンプーを結い、沖縄風の着物の着付けをしている人を見ていると、ウチナーンチュは何とも色気があって、ステキだなぁと思ってしまった。しかし、本土からのコンクール出場者がカンプーを結っても沖縄風の着物の着付けをしても、沖縄っぽくなかった。

やはり、色の白さが邪魔をするようだ。すこし、ほんの少し色黒がよい。


着物を着ての三線は弾きにくい。少しだけステージで練習できた。その時、帯から三線がスルリと滑り、やはりと緊張した。着物を着ての三線は初めてである。本番では大丈夫の様に力を入れた。

審査委員が八名。登川誠仁先生（誠小）が中央だ。

照屋先生は左端にいた。

先生と約束をしていた。いつも一対一で練習をしていたので、先生の頭をみて弾いていた。だから、「本番も先生の頭を見て唄います」という約束だ。ステージ中央に行った。先生が帽子を被ってこっちを見ている。

「そうではないでしょ、頭を見せて」とじっと見た。先生は、ハッとして帽子を脱ぎ、下を向いた。つるつる頭がばっちりこっちを見ている。

唄った。

奥様は、心配で心配で、ロビーに出ていたそうだ。私の声がそこまで聞こえたそうだ。

「終わった」そう思った瞬間、最後の音が濁った。

結果発表が出た。

新人賞受験者の私の名に、○が付いていた。歌詞を間違った人が落ちていた。

照屋先生がやって来た。

「山下さん、○が付いてなかったら付けてあげるよ」とサインペンを持っていた。笑った。

ロビーに誠小先生がいた。

誠小先生と写真を撮っている人はいない。

本当はツーショットで撮りたかった。でも今、そういう雰囲気ではなかった。優秀賞は少数しか合格してなかった。悔しい人もいるのだ。


「誠小先生、私は豊節が大好きになりました」と言った。

「トイレでつくったよ」

と言われた。照屋先生に、以前聞いていてそうだと知ったが、本人が言われたので間違いない。

誠小を見て、笑った。

くっにーも私に刺激を受けて翌年のコンクールにチャレンジして新人賞を受賞したのであった。

豊節《ゆたかぶし》

作詞・作曲　登川　誠仁

一、朝夕笑《あさゆわ》れ福《ふく》い　福《ふく》ゆうち招《まに》ねち　年毎《とうしぐと》ぬ繁昌《ふぁんじょう》　スーリ　お願《うに》げさびら

囃子（遊《あし》びぬ美《ちゅ》らさ　人衆《にんじゅ》ぬ備《すな》わい　踊《うどぅ》てぃ遊《あし》ば）

一、世果報年《ゆがふどし》んけてぃ　去年《くず》ゆいん今年《くとし》　栄《さ》けてぃ行く村ぬ　スーリ　風水清《ふんしじゅ》らさ

囃子（遊《あし》びぬ美《ちゅ》らさ　人衆《にんじゅ》ぬ備《すな》わい　踊《うどぅ》てぃ遊《あし》ば）

一、作《つく》る毛作《むづく》いん　万作《まんさく》ゆたぼち　弥勒世《みるくゆ》ぬしるるし　スーリ　神《かみ》ぬ恵《みぐ》み

囃子（遊《あし》びぬ美《ちゅ》らさ　人衆《にんじゅ》ぬ備《すな》わい　踊《うどぅ》てぃ遊《あし》ば）

一、重《かさ》なゆるお祝《う》え《ゆ》　弥勒世《みるくゆ》ぬしるるし　互《たげ》にうちはりてぃ　スーリ　踊《うどぅ》てぃ遊《あし》ば

囃子（遊《あし》びぬ美《ちゅ》らさ　人衆《にんじゅ》ぬ備《すな》わい　踊《うどぅ》てぃ遊《あし》ば

豊節　工工四（三線楽譜）

宝島

　初めて沖縄に行く時の事だった。鹿児島上空をぬけると、屋久島、種子島、そして次は沖縄と思っていた。いくら時間が経っても点々と名前がよく分からない小さい島が見えていくばかり。座席ポケットから地図を取り出した。沖縄までは、聞いた事のある島がズラリとあるではないか。目からうろこ。無知を恥じる。


機内の中で初めて見る沖縄は、赤い屋根の家があちこちにあるのを想像していた。

「那覇に向けて後十分で降下をします」と言ってから着陸までの時間が長い。

那覇空港は直ぐそこなのに着陸許可が出るまで海に手が届きそうな高度で時間をつぶすようだ。

沖縄に何度も行く度にこの時間が嫌だ。海にフワッと降りてしまいそうだ。何回目かに行った時は、南へ、南へと沖縄からどんどん離れて行くので、ハイジャックかと思ったくらいだ。


空から初めて見た沖縄は「博多より都会だ」と思った。白いビルが林立している。着陸寸前に青く澄んだ海が見える。この青い海を見て、機内からは、初めて沖縄を訪れる人達の歓声が毎回聞かれる。この歓声が私は好きだ。

「そうでしょう!」と嬉しくなる。

何度目かの沖縄行きで、左窓側に座った時、雲の間に、とても小さい島。しかも、ハート型。

「なんだ？」

と気になり、あわてて地図を取り出し「〇〇島？」と探そうとした時、

「あれは、**宝島**ですよ」

「見えた人は幸せになるんですって」

アテンダントの人がステキな笑顔で教えてくれた。ほんの雲の間だったので、気づいている人は少ないと思った。宝島、**子宝島**。いつかテレビで取り上げられていた。ここにあったのだ。きっと良い事がある。私はいっぺんに幸せな気分になった。

その旅で、作曲家F氏と出会った。これが宝島効果か。それ以来、往路は左窓側、帰路は右窓側を取るようにしているが、運よく取れても宝島が見えた事は、あれ以来ない。また見たいと思う私は欲張りかな。


そういうわけで、私達の沖縄行きは、宝島探しから始まる。十月の今回の旅での宝島探しは、あまり期待出来なかった。沖縄地方は、曇りマークがずうっと続いていた。台風による前線が影響しているらしい。でも、雲の合間に見えるかも知れないという緊張感がたまらない。

宝島を見ることが出来たら「幸せになる」という事を聞いてからは、私は今まで宝島を見た事があるのに、又、見たくてたまらない。欲張りです。

以前に行った沖縄旅行は、くっにーと宝島を、しっかりと見た。その時は晴天で、空路さえ運が良ければ見えるはずと確信した。その日、くっにーはアテンダントに、「宝島の上を通りますか」と、聞いている。しばらくして「まもなく通るそうです」と伝えてきた。パイロットに聞いて来

たようだ。とたんに見えてきた。後方右側が空席だ。

「右側に移動しよう」

「カメラ！」

「バックの中よ」

「早く、もってこい。　早く」

「あぁ！もう、見えなくなる」

写ったけど、完璧には写ってない。飛行機って速い。宝島はみるみる遠ざかっていく。

「おまえが用意してないからだ」と、ぷんぷん。

しかも、アテンダントが近づいて来て耳元で、

「少し静かにして下さい。まえの席の方が眠いそうです」とお叱りを受けた。宝島は見えたけど、幸せではなかった。

そんなわけで、今回はカメラを握りしめて乗っていた。私は、雲の間に見える宝島のスクープ写真を狙っていた。福岡から沖縄までの中間あたりで見える予定だが、その時間がきても、見えるのは雲ばかり。福岡を離陸した時、
「今日は宝島の上を通りますかって、聞いてみようか」と、くっにーが言った。私は反対した。こんなにお天気が悪いのに、客が見たがっているからと、少し情が湧いて無理をされると困るからである。そんなわけがないと思うけど、それには理由がある。
前回の時、機内放送で
「皆様、ただいま宝島が右手に見えています」と、パイロットの声が聞こえて来た。

びっくりした。

私達が空路を訪ねた時である。今まで何回も沖縄行きの飛行機を利用したけど、これは聞いたことが無かったからである。

「見えた人は幸せになります」ってまで言われなくてよかった。みんな右側に行って飛行機は傾いてしまう。


今回は、宝島はやはり見えなかった。

機内サービスのコーヒーを飲みながら、どこまでも続く雲のジュウタンを見ていた。

機内サービスは、いつもコーヒーの私。くっにーは、いつもスープ。いつか一口飲ませてもらったが、コーヒーの方が美味しいと思った。

コーヒーには砂糖もミルクも全部入れる。コーヒーに付いている砂糖の量は私にはものすごく多いと思う。でも、思いっきり全部ドドッと入れる。旅の時は全部入れると決めている。家では砂糖もミルクも一滴も入れない。ケーキなどがある時は、もちろんブラックだが、ふだんはなにも入れない。

だから、旅のコーヒーは贅沢を味わえる。

ビギンの唄に「**アンマー我慢のオリオンビール**」というのがある。

歌詞に男たちが「乾杯！乾杯！」と言っている時、アンマー（お母さん）は酒を出したり、お茶入れてと背中で聞いている乾杯ばかり。でも、年に一度のアンマーの会で、エプロン外して化粧して近くのホテルに泊まりがけ。そこで飲むビールの味は、男たちにはわからんはずよ。

「我慢するほど、美味しいさ」と唄っている。

私の旅のコーヒーは我慢ではないが、
砂糖とミルクが全部入ったコーヒーは、旅が特別の日になる。

座間味島《ざまみ》

私が沖縄本島から沖縄の離島に初めて行ったのは慶良間諸島の中の座間味島である。座間味島へは娘が学生の時に二人で行った。台風が南大東島の南〇〇キロに居るという台風情報に少しためらいがあるが、船の予約が勿体ない。台風が近いからか空の色が沖縄には似合わない灰色だ。船は少し揺れた。座間味島の船着き場は、出来たてのプールの色をしていた。青く透き通っている。

船着き場からビーチまで小型バスが運んでくれた。小高い山を越え、下って行くとそこにビーチがあり、ビーチパラソルがいくつも並び、白いサンデッキが外国の映画のように置かれている。まさに絵になる風景だ。

私達はいそいそとビーチパラソルの所に行き、サンデッキを陣取った。どこからかお兄さんが来てパラソル要りますかと聞いてきたので、「もちろんです」と強調した。

「千円です」

「お金いるの？」

私達はキョトンとしていた。
やれやれと払い終わると、今度は、サンデッキをお兄さんが、よいこらしょと持ち上げて持ち去ろうとした。
「これは使うから持って行ったらだめよ！」と慌てて言ったら、「千円です」だった。
やっとパラソルの下のサンデッキに座り、二人で顔を見合わせ笑った。

座間味島のビーチのたたずまいは、別世界とはこういう事かもと思った。

ただ打ち寄せる波の音だけが聞こえる。そこは、白と水色の世界だった。台風の予感さえなく、人々は白い浜辺で青い海と戯れている。娘は、まだ学生だったから、水着など凝ることもなく高校時代の短パンだ。シュノーケルをやっている人が多い。娘もやり始めた。ここでは、魚たちにウインナーみたいな物を餌として売っていた。

私達は朝のホテルのパンがバッグにあったのを思い出した。お腹が空いたら食べようと持ってきていた。娘はそれを少しずつ持って行き魚と遊んでいる。海面に、シュノーケルの筒だけが右に左にと動き、娘の海中の様子が想像されて可笑しかった。

お腹がはみ出ている人でも堂々と水着を着ている。私のようにサンデッキに普通の洋服を着て座っている人はいない。ただ座間味の海を見つめていたい私だから、泳ぐつもりはない。だけど、普通、お腹が出ている水着姿の方が恥ずかしいのに、ここでは、ふだんの服装のほうが何だか恥ずかしかった。

台風が近づき、一本早い船で帰った方がいいという事で座間味島を後にした。来た時と違い、船は揺れて右側の窓いっぱいに海が見えたと思ったら、反対に左の窓いっぱいに海が見え、船は木の葉のように揺れ、怖いというより面白かった。

明日夕方の便で帰る予定だったが、台風でしばらく帰れなくなるのが困るので、明日の朝一便で帰る事にした。あさ四時に起きて空港に向かった。こんなに早く空港に行ったことがない。「きっと閑散としているに違いない」と思っていた。なのに、空港には、人が溢れていた。ビジネスマンと思われる人が多い。みんな考える事は同じなんだ。無事に福岡へ帰り着いた。

台風と言えばこんな事があった。何回目かの沖縄行きの時だった。自宅から福岡空港に着いたら、沖縄行きの所に何やら注意書きがしてある。台風の為運行を見合わせるかも知れないという。私達は目を疑った。「台風?」「聞いてないよ!」と声を上げた。福岡のニュースで台風の事はなにも言ってなかった。だから台風の事は、何も考えさえしなかった。しかも、飛ぶことは飛ぶけど、「場合により鹿児島空港に着陸するかも知れません」という。鹿児島空港に降ろされたらどうしていいのと何も考えられなくなった。途中、強い風も無く、運が良いのだろう、沖縄那覇空港に着いた。

でも、驚いた。


那覇空港内は、大きい荷物を持った客でごったがえしている。最初は「なんで?」と思った。なんと、その日、那覇空港から飛び立つ飛行機は、皆、運行中止となっていた。台風が大東島の近くに接近しているという。沖縄から帰れない旨を伝える為だろう。ケータイ電話を片手に困り顔の人が大勢いる。私達は小さい赤ちゃんを抱えた若いお母さんが気になった。

「くっにー、相談にのってあげたら」意見が一致した。くっにーは、

「安くて、比較的きれいなホテルですよ」

と、いくつかのホテルの場所や、電話番号を教えていた。無事に泊まれたかしらと、気になった。おじいさんとおばあさんも一緒だった。若いお母さんだけが頼りだったようだ。


次の日の午後は、車のワイパーが壊れそうな雨、風になった。私は沖縄での台風遭遇は初めてだった。この時から、沖縄行きは台風情報をしっかり見て行かなければいけない事を学んだ。沖縄と九州は近いようで遠い。

沖縄でテレビを見ると福岡のニュースなど少しも言わない。当然だと思うが、かなり離れているのを実感した。

出張先のくっにーから、

「慶良間《けらま》諸島が国立公園に指定されたとテレビで言ってるよ」

と電話がきた。慶良間諸島の様に綺麗な所はとっくに指定されているものと思っていたのでびっくりした。

そしてくっにーは、

「ケラマブルーと呼ばれているそうだよ」と言った。ケラマブルーと聞いて、娘と行った時や、くっにーと行った時の座間味島や渡嘉敷島で見た光景がよみがえってきた。

それを伝える西日本新聞に、

「平成26年３月５日の「サンゴの日」に合わせて沖縄県の慶良間諸島と周辺地域が全国で31番目の国立公園に指定された。

慶良間諸島国立公園は那覇市の西にある渡嘉敷島など大小30余りの島々と沖合７㎞迄の海域が指定区域で、陸域は３５２０㌶、海域は９万４７５㌶に及ぶ。

透明度が高く**《ケラマブルー》**と呼ばれる青い海には２４８種類のサンゴの生息が確認されダイビングのスポットとして知られる。ザトウクジラの繁殖地にもなっている」と載っている。座間味島や渡嘉敷島で海を見た時、それは気品のあるブルーの海の色だったので、ケラマブルーと呼ばれているのを知って、なんとピッタリなネーミングだろうと思った。

ケラマ諸島は那覇市からも近く日帰りでも島でゆっくりした時間が過ごせるので、何度でも行きたくなる島々だ。那覇空港に降りると空港ロビーからも見える。思い出がいっぱいある慶良間諸島の島々を思いながらくっにーに言う。

「今日も見えてるね～」

もらおうねぇ

九月半ばにくっにーと沖縄に行った時、照屋先生宅に作家のS先生が来ていた。皆で食事に行く事になり、照屋先生の良く知っている店に行った。

店の御主人が、店の駐車場にいて手に何か持っている。薄い緑色は青リンゴのようで、カリンのようでもある。

「カリンですか？」と聞いた。

手の中の、大、中、小の物を見せながら、

「これは、**ばんじろう**」

と言われた。そういえばカリンの緑と少し違う。

「後で持って行きますよ」と奥へ行った。

さっそく、お皿にばんじろうを盛り付けて出された。初めての味である。私はその時の食事をあまり覚えていない。さっき聞いた、不思議な言葉が、おまじないのように頭の中で騒いでいた。

「もらおうねぇ・・・・・・」

「もらおうねぇ・・・・・・」

ばんじろうはグァバの事で、実はそのままでも美味しいが、グァバジュースとしてよく飲まれている。葉はグァバ茶として利用されている。ばんじろうの木になっている実はダメだけど、落ちている実は誰でも、「もらおうねぇ」と言って、貰っていいそうだ。店の御主人も、前の畑から「もらおうねぇ」と言って貰ってきたと言った。

「もらおうねぇ」を使いたくなった。


次の日、車を走らせながら、「ばんじろう、いずこ」と捜した。どんな木か私達にはまるで分からない。たよりは、昨日見たばんじろうの実だ。途中の果物屋、八百屋で、ばんじろうが売ってあるか聞いた。なかなか無い。「時期が少し過ぎている」という。

車を止め、ある店で、くっにーが聞いている時、助手席の私の目に、「もらおうねぇ」をやった人が見えた。店のすぐ隣の空き地みたいな庭に行き、ばんじろうを車に、ポンと入れ、普通のように遠ざかった。


「たった今、そこで、ばんじろうを貰った人がいたよ」と、あわてて伝えた。すでに、落ちているばんじろうの実はもう無かった。ばんじろうの木を観察した。梨の木、みかんの木、リンゴの木を合せた木の形に思えた。

「さあ、捜そう」

「もうどんな木か分かったぞ」

ゆっくり、ゆっくり車を走らせ、左右を舐めるように見た。

この時、もう一つ、見つけなければいけない物があった。

もずくてんぷらの店！お腹も空いていた。なんと忙しい私達。道路の左右を、目が痛くなるくらい捜した。「ばんじろうと、もずくてんぷら、いずこ」もう諦めていたその時、「ばんじろうが！　すずなりになっている！」と叫んだ。

車を止め、見た。大きなお屋敷の庭だ。

途端に、「もらおうねぇ」は言いにくくなった。あぁ、私達は、小市民だ。くっにーが堂々と貰おうと言って、ブザーを押した。

「旅の者です。失礼かと思いましたが、ばんじろうを少し分けて頂けませんか」と丁寧に言っている。家の主が出てこられ、快い返事。

「ちょっと待って、手作りの、ばんじろうのゼリーがあるから食べなさい」と言って、サランラップに包み、手に載らないくらいの量のゼリーを持たせてくれた。しかも、ばんじろうの立派な実を木から選んでちぎってくれた。十五、六個も貰った。

その庭には、大きな黒木が、何本も育っていた。表札に平山と書いてあった。ゼリーと、もずくてんぷらを食べながら、幸せな気分を味わった。

福岡に戻り、三線仲間とそのばんじろうの実を分け合って食べた。

伊江島《いえ》

伊江島は沖縄本島から近い島だ。福岡から沖縄へは那覇空港へ着陸態勢で高度を下げる時、伊江島あたりではかなり低い所を飛ぶ。飛行機から見ると赤く平たい土地に緑の畑が碁盤の様に広がって見え、その真ん中に長い滑走路が目立つ。

「滑走路が見えるだろう、あれが伊江島だよ」と、くっにーが説明してくれていた。

七月、沖縄本島の本部港からフェリーで伊江島へ行く。

直ぐに**タッチュー**（城山＝グスクヤマ）が見える。民謡歌手の**知念こずえ**ちゃんが伊江島出身なので、どんなところか楽しみだった。

一番気になったのはタッチューと**リリーフィールド**だ。

あの三角の山は近くではどんなに見えるのだろうか。登山口とあるから上まで登れるらしい。

中腹の登山入り口より徒歩十五分で山頂と書いてあるが・・・でも七月の登山は諦めた。

標高百七十二メートルの頂上から三百六十度のパノラマが広がり、沖縄本島や周辺の島々が望めるという。でも諦めた。車から出るだ

けでも焼けるように暑い。ましても十五分でも登山はきつい。

リリーフィールド公園は、テッポウユリが四，五月に白いじゅうたんの様に咲き誇るという。七月は咲いた後のユリが休んでいるところだった。想像すると、海風にふかれユリの香りがしてくるようだ。伊江ユリ祭りや、伊江島一周マラソンなど知念こずえちゃんのブログで知っていた。

断崖絶壁の続く島の北側にある**湧出展望台**《わじー》に行った。見下ろすと何とも言えない美しい海の色。瑠璃色のグラデーションだ。波打ち際近くにわき出る泉があり、昔から島の重要な水源だという。ここからの眺めをカメラで沢山撮った。


「仲村柄節（なかむらからぶし）」の碑があった。三線をやっているので歌碑が気になる。貰ったパンフレットには、その他「砂持節」の碑、「富里節」の碑、「東江節」の碑、「打豆節」の碑、「ましゅんく節」の碑、「伊江節」の碑、「こてい節」の碑等の場所をしるしてある。

こんなに沢山の歌が生まれている。

「仲村柄節（なかむらからぶし）」の意味を家で調べていたら島ならではの哀しい伝説があった。第二次世界大戦で伊江島は激しい攻撃を受け、多くの人命と財産を無くしたという。戦争の苦難の歴史を歌に詠んだのもあった。

空から見えたやけに存在感のある滑走路は二本あるが一本は米軍専用滑走路だった。しかも伊江島マップの四分の一は米軍演習場になっていた。

「陳情口説」の歌詞では、「親譲りの畑があってこそ命がつながっています。すぐに私らの畑を返して下さい」と唄っている。

こういう歴史を知らなかった。

今では伊江島はタッチュー（城山＝グスクヤマ）が特徴でどこから見ても分かる。今帰仁城跡から、美ら海水族館から、伊平屋島から、野甫島から等、「あっ、タッチューだ」と指差し、言ってしまう。そして、そこに暮らしている人達の事を思えるようになった。

伊江島の島内を巡りレンタカーを返却し帰りの船に乗った。伊江島に修学旅行に来ていた高校生達と一緒の船になった。修学旅行に来て伊江島に二泊したという。伊江島の民宿に分散して泊まったそうだ。

島でお世話になったおじい、おばぁ、そして島民の見送りの人が岸壁に並んでいる。船の甲板から高校生が何やら叫んでいる。

「お父さん、お母さん、行ってきまーす！」

「あれっ、島の子供が島を出るのかな？」と一瞬思った。でも卒業の時期でもないし。

「お父さん、お母さん、行ってきまーす！」

お世話になった島のおじいと、おばあに叫んでいるのだ。何人もの高校生が叫んでいる。泣きだしている子が沢山いる。もらい泣きしている子も沢山いる。男の子も眼を赤くしている。くっにーも貰い泣き。私は泣かない、と思っていたら、「ボー」と船の汽笛が鳴った。

とたんに、私も涙が溢れて来た。船は岸壁を離れ始めた。汽笛は悲しい。別れを決定付ける。

今でも忘れられない伊江島の思い出だ。

今まで、沖縄の国際通りで買い物するか、南部戦跡を見るとか等の高校生達しか見た事がなかったので、沖縄本島から少し離れた離島での経験はとても良いことだと思った。

沖縄の離島には、まだ古き良き沖縄が残っている。
その古きものに会えるのが嬉しい。
高校生のこの姿も、古き良き時代の高校生を思わせる。
純粋な心が誰にも宿っているのだ。
島に居ると純粋なこころが開いてくる。
だから、訪ねたくなる。
だから、くっにーと沖縄の離島巡りを始めたのだ。

伊平屋島《いへや》（てるしのの島）・野甫島《のほ》

私達の第一作目のオリジナルCDの中「しあわせのパッションフルーツ」の曲を作曲したF氏が、「伊平屋島に行き、そこでこの曲を作りました」と言われたので早く行ってみたいと思っていた。どういう所で作曲のイメージがあったのだろう。

運天港からフェリーで伊平屋島へ行く。港へ着いてまわりを散策していると、**「歓迎、ハブのいる島へようこそ　ハブタクシー」**の看板があった。そしてハブがぺろりと舌を出している絵が・・・。何だか乗ってみたい。

伊平屋島へは日帰りが出来ない。**松金ホテル**に宿を取った。

レンタカーで伊平屋島を一周し、南の島の山、海の風景、南の島の風を感じているだけだった。ただ、**念頭平松**にはびっくりした。同じ松かと思うくらい大きい。そして、伊平屋島のすぐ隣にあるという野甫島を目指した。野甫島につながる**野甫大橋**を渡る。その橋の左右の海は、私達を無口にした。そこで長い時間さまざまな色に変化する海を見つめていた。夕方が近づき、明日もここに来ようと決めた。

夕食は伊平屋港に近い居酒屋で伊勢エビの刺身、夜光貝の刺身、タカセ貝のバター焼き、モズクてんぷらなど。もちろんオリオンビールと泡盛も。二人共、お腹一杯食べて飲んで、〆て八千円だった。びっくりするくらい安かった。博多だったら、ゆうに二万円を越すだろう。

宿の松金ホテルに戻る為、伊平屋島唯一のタクシー「ハブタクシー」を頼んだ。しかし、ハブタクシーがなかなか来ない。忘れているのかなと思うくらい来ない。

くっにーと私は店の外で空を見上げて待っていた。島風が心地よいので、ずうーっと見上げていた。

ハブタクシーのお陰で伊平屋の夜の満天の星に出会えた。北斗七星が手に届く位に見えた。もう待ちきれなくて、他の客の車に乗せて貰って宿に戻った。「ハブタクシーはとうとう来なかったね」と言ったら、「さっき車同士すれ違ったよ」

島の夜道は静かだった。

満天の星とハブタクシーが結びついて懐かしい。

翌朝さっそく、野甫大橋に行く。晴天。帰りの船の午後一時発まで、ここでずうっと野甫の海を見ていた。言葉や文字で表現出来ない。息をのむ美しさに二人共、唯黙って海を見続けていた。私も、くっにーもこんな海の色に今迄出合った事がない。

その海は限りなく広がるグラデーションの布の様だった。どの部分を取って着物に仕立てようかな。未知数の着物のデザインが浮かんでくる。この薄い部分はスカーフ。風が吹いたらこのスカーフはきっと信じられないゆれ方をするみたい。信じられないくらい美しい布。
海はエメラルドグリーンを少しずつ変え私達を感動させた。この感動から「**夏夢**」という詩が出来、曲をつけた。
間奏を、くっにーが六十才から習い始めた胡弓の**趙国良《ちょうこくりょう》先生**に入れて頂き二枚目のオリジナルCDが出来た。
趙国良先生は中華人民共和国より「国家第一級芸術家」（人間国宝）の称号を受けた世界的に有名な胡弓奏者で、一九八六年に日本永住の為来日され、現在は福岡市を拠点にコンサート活動と、胡弓奏者育成に尽力されている。趙先生の奏でる胡弓の音色は、CDを聴くたびに、野甫島のあの景色が、あの時のまま浮かんできて、いつでもあの海辺に立っている私にしてくれる。

又、島で貰った伊平屋島・野甫島のパンフレットを良く読むと

「神々と伝説が息づく島、
民族学の宝庫と言われています。
古琉球の姿をほうふつとさせる年中行事や民族芸能が数多く残っています」

と書いてあった。海を見て感激した私達。これだけではなかったのだ。伊平屋島・野甫島の古くから伝わる伝統芸能も見てみたい。又、伊平屋島・野甫島に行こうと思う。

水納《みんな》島

十月半ば、今回はその形から**クロワッサンアイランド**と呼ばれている、水納島へ行くことにした。水納島は海水浴に最高の場所で、とてもいいと聞いていた。泳ぎに行くわけではないが、「泳がないなら何しに行くの」と聞かれるくらいだ。

本島北部の渡久地港からフェリーが出ている。水納島の事は少し調べて行くわけだが、弁当は渡久地港の近くで買って行くことにした。おなかがすくと私は、へなへなとなり一歩も歩けなくなる。だから、島に店が無くても安心と大き目のお弁当を買った。

渡久地港に行くと、大型バスが六台並んでいる。小さい島に行くのになんでバスがあるのと不思議に思った。バスには、神奈川藤沢高等学校様と書いてある。

島に行くのは、きっと私達ぐらいと思っていたから、六台分の高校生が乗ってくるなら船は満員で、しかも、積み残しが出るかもと心配になってきた。男女の高校生が待合室で配布された弁当を食べ始めた。しかし、バス二台分ぐらいの生徒数である。ほかの生徒は他で食べているのかなぐらいに思った。高校生達は、真新しい島ゾウリと海水浴に行く出で立ちだ。

「進学校でしょう?」くっにーが聞いた。

「はい」と真面目に答えていた。髪を染めた子がいない。

出港時間になった。

バス二台分ぐらいの生徒と私達と島の住民三名ぐらいが乗り込んだ。

空は曇っていた。島巡りだから私達にはお天気はあまり関係が無いが、晴れるに越したことはない。しかし、神奈川から来た子供達には、沖縄の青い海を見て貰って綺麗な海を味わって貰いたいから晴れるといいなと思った。

西の空が少し明るい。これは、これから晴れると考えてよいが、海水は雲と同じくどんよりと濁った色だ。これだと、沖縄の海は東京湾とあまり変わらないと思われてしまう。十五分程して水納島が近づいてきた。急に晴れ間が広がってきた。海水が青く、そして白く輝いてきた。

生徒たちが、「ヤバイ」「やばい」と言いながら船のイスから立ち上がっている。私の前の席の子は、眼をまんまるにして船の外を見ている。私も眼を丸くした。

ビギンの唄 **「金網移民」** の歌詞に

（泣きたいくらい　青い空）とある。この歌詞に出会ってから、ビギンが好きになった。

今、まさに水納島の海岸線と砂浜は（泣きたいくらい　白く青い海）と表現したくなった。

すでに水納島にはびっくりするくらい多くの高校生がいた。渡久地港の大型バスの生徒はここに既に来ていたんだ。不思議が解決した。船着き場のすぐ左右が水納ビーチだ。

同じ黒い色のダイビングスーツを男も女も着ている。シュノーケリングをやるチーム、バナナボートをやるチームなど、まっ黒に焼けたインストラクターのお兄さん達が指導している。

町でよく見かける疲れた様な高校生がいない。みんな無邪気な子供の様にはしゃいでいる。木陰でお弁当を食べながら私達も笑顔を返す。
ここにいる高校生はきっとこの海にきたことを一生忘れないだろう。
恋人を連れて来るかも。子供を連れて来るかも。そして、
東京湾が、湘南の海が、何でこんなに汚れているのだろうと考えるに違いない。

さて、水納島の探検を始める。当然クロワッサンの形を把握しなくてはと歩き出す。少しの坂を上がって下ったらもうそこは、クロワッサンの凹みだった。誰もいない。遠くに凹みの入り口が見えている。引き潮だろう。海の底が茶色に見えている。

誰もいない海。少し淋しい。

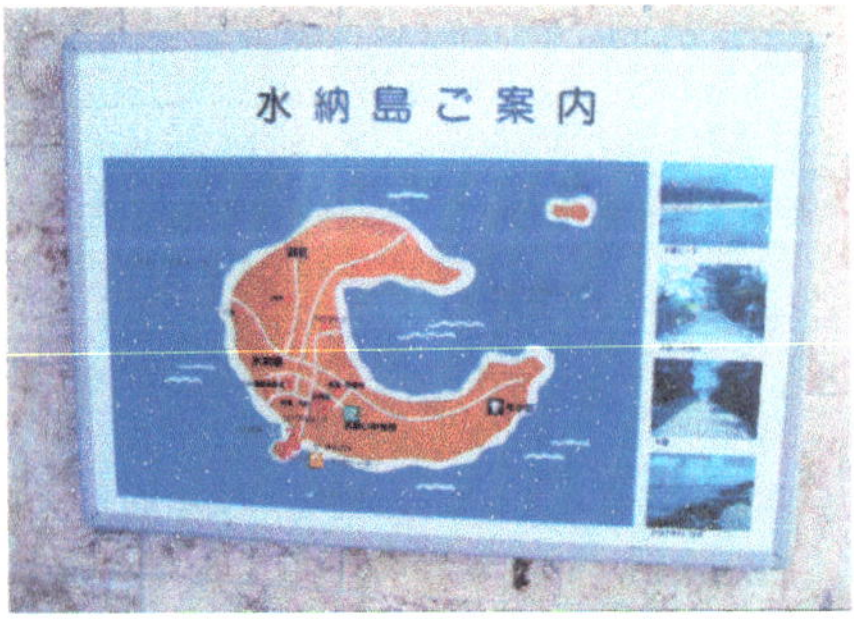

水納ビーチの賑わいと正反対である。

茶色の干潟を見ていると、早く民家を見たくなった。島の中心部に民家はあり、民家の門にはやはりシーサーがある。ブーゲンビリアが庭先にあたりまえのように茂っている。珊瑚の石垣とよく似合っている。

民宿が三軒あった。近くを通ると人声がする。静かな水納島での滞在を味わっている人達だろう。街の喧騒に慣れていると、いつも聞きなれている車の音などが何も聞こえないとそれが気になってくる。

一つだけ気になる事があった。セミの鳴き声だ。このセミの声に初めて出会ったのは、昨日だった。休憩の為立ち寄った沖縄本島の高速道路の伊芸のパーキング。車から降りるとすぐに聞こえて来た。なにしろ大きな鳴き声だ。内地のセミも負けてしまう声だ。

ものすごく大きいセミだろうと想像した。まっすぐに伸びたケヤキの様な木から聞こえてくるので多くの人が、鳴き声の主を見ようと見上げている。

見上げている人は旅の人達だろう。見た事のない、巨大なセミに違いないと、立ち止まって見つけたくなるような鳴き声だ。すぐそこに鳴いているのだけど見つけられない。しっかり見たけど見つける事が出来なくて、仕方なく車に乗った。

そして今、人影の少ない水納島で、目の前にそのセミの鳴き声がする。ゆっくりと慎重にセミを探す。なんと、ミンミンゼミ位の小さいセミが鳴いている。「本当にこのセミ?」そのパワフルな声に改めて驚いた。しかも十月の半ば過ぎの事である。


水納島小・中学校が島の真ん中にあった。生徒が五人である。開け放たれた校舎の入口に、五人の写真が大きく飾ってあったので分かった。平日だったけど子供の声がしない。授業中だったのかな。校門のすぐ前にはバナナの木が茂っている。バナナのでかい花が道路に垂れ下がっている。目の前のバナナの花は迫力がある。バナナが普通に育っていくのが見られるのは羨ましい。ここで育った子ども達は東京湾を見たら驚くだろうな。ちょっと見せたくなった。双方の子ども達に海をそれぞれ見せあったら面白いだろうな。でも、東京湾を見て育った子供には気の毒かな。この島では、旅行でビーチに来た高校生達が帰ってしまうと途端に淋しくなりそうな気がしたが、それからが本当の島の様子だろう。私達も長居はできなくて島をあとにした。

水納島に来てよかった。クロワッサンの形がとても気になっていたからだ。綺麗な海で出来た美味しいクロワッサンでした。

宮古諸島にも水納島という同じ名前の島があるのでいつかは行ってみたい。水納島という名に何かイミが有りそうだ。

津堅島《つけんじま》

二月の少し寒い沖縄でも**赤花**《あかばな》（ハイビスカス）が咲いて揺れている。チカちゃんが三線修行で沖縄に移住していたから、合流して**津堅島**に行くことにした。沖縄本島の平敷屋港から船に乗る。

船は神谷観光、船が津堅島に近づくと**「神谷荘」**とはっきり見える看板を掲げた宿屋のようなものが目立って見えてきた。

レンタカーを借りて島の観光だ。レンタカーはオンボロな軽自動車。スピードを出したら分解しそうだ。もちろんゆっくり島を走る。津堅島は**キャロットアイランド**と呼ばれている。ニンジン畑が広がっている。赤い土の上にニンジンの緑色の葉が広がって絵のような光景だ。神谷荘に行き昼食を取る事にした。

メニューに、**「にんじんシリシリ定食」**と書いてあった。キャロットアイランドでの食事だから、この定食にきめた。「シリシリ」の言葉に何だか笑いが出て来る。シリシリは「スリスリ」の意味だそうだ。定食は山盛りのニンジンの千切りが炒めてあり、ひき肉のようなものが入っていた。山盛りのニンジンは普通食べられないが完食した。美味しい。

その後福岡に戻りニンジンしりしりをよく作っている。ひき肉と思ったのはシーチキンだった。今では我が家はシーチキンの缶を常備している。

ニンジン一本がペロリとはいる。材料は、シーチキン小缶、ニンジン一本、卵一個、ごま油、醤油少々で出来る。

沖縄市に神谷幸一の民謡酒場**「花ぬ島」**がある。照屋先生の所でのレッスンが終わるのが夜八時で、帰りのバスは、その「花ぬ島」の前を通る。

何時見てもシャッターが閉まっているのでくっにーに、あの店はつぶれているのかもと言ったら、その時間より後に店を開けると聞いてびっくりした。トンソクの店も九時半頃開けますと書いてあったから納得した。その後「花ぬ島」に一度くっにーと行ったことがある。

太鼓の女性と三線の男性が、**「ハイサイおじさん」**を唄っていた。

この歌は、「ハイサイおじさん」

「はい！」と返事をするように唄うのに聴きなれていた。なのに、ここでおじさんは突然すごい
オヤジの声で、

「なんだ！」と唄う。

「はい」ではない。

「ハイサイおじさん」「なんだ！」と来る。

歌の二番、三番で、「なんだ！」の言葉が出て来るのが待ち遠しいくらい面白かった。十一時過ぎ
もう眠くなる頃、**神谷幸一**登場。唄者の貫禄があった。でも何を唄ってくれたのか忘れた。「なん
だ！」があまりにも面白くて。

その後の事だが、チカちゃんは琉球音楽協会会長の**松田弘一**先生の元で三線の修行を頑張り、
新人賞、優秀賞、最高賞のコンクールを突破し、ついに念願の三線教師免許を取得したのである。
現在は福岡に戻り、三線の教師として何カ所かの三線教室をひらいている。

久高島《くだか》

三線の曲に**「久高マンジュ主《しゅ》」**というのがある。「久高島の、おまんじゅうの好きな王様の事かな」と久しく思っていた。その事を照屋先生に聞こうか、聞くまいかと迷った曲だ。聞かなくて良かったと今思う。「豊節」が全然唄えなかった頃だ。沖縄の民謡が全く分かってなかった。今でも「久高マンジュ主」の歌詞はよく分からない。

「久高マンジュ主」はエイサーで良く唄われる。好きな曲だ。

「クーダーカー」

「スリサーサー」

と力強い声が響き、大太鼓、締太鼓が鳴り響き、この曲が始まる。胸がワクワクドキドキする。素敵な曲だ。

その久高島に行った。**安座真サンサンビーチ**のすぐ横の安座真港から久高島へ向かう。

神の島・祈りの島だと聞いていた。平たい島のようだからレンタサイクルでもいいようだが、初めての島はレンタカーがいいかもと思い借りた。ここもびっくりするレンタカーだった。冷房が効くような効かないような、とにかく車が走れば良いと思う事にした。南北に細長い島を車で走りながらも、神の場とか祈りの場とかの聖域があり、何か近寄りがたいものがありそれが感じられ落ち着かない。

久高島の**イザイホー**の行事は知っていた。でもそれが十二年に一度行われる事は知らなかった。どんな人達がやるのかなあと考えるだけだった。島の青年に、

「誰がやるのですか」と聞いたら、

「島で生まれ、島の男性と結婚した女性が参加出来る事になっている」と言う。だんだん該当者がいなくなり一九七八年を最後に行われていないという。

島内を一周し、レンタカーを返却し、集落がある所を散策した。かなり大きなフクギに囲まれた赤い屋根の民家がひっそりと建ち並んでいる。今迄見たどこよりもフクギが大きく樹齢が感じられる。


ようこそ久高小・中学校へとカラフルに書かれた案内板に二匹の長いイラブー（海へビ）がデザインとして文字を囲んでいた。白と黒の連続模様のへビは、地図の線路のマークみたいなへビだった。二月下旬だがもう暑い。木陰を歩いていると中学生らしい声で歌が聞こえて来た。卒業式の歌のようだ。

「たびだちの日に」の曲だ。

とても素敵に聞こえて来たので、歌が終わった時、私とくっにーが道路の所から拍手をした。すると先生と何人かの生徒が窓側に出てきて私達に手を振った。こちらも手を振った。七、八人の生徒だった。全生徒だったのだろうか。

この島は高校がないので中学を卒業したら、沖縄本島の高校に行くという。帰りの船で、あの中学生達と一緒だった。社会科見学で沖縄本島に行くという。

いつかは沖縄本島、九州、大阪、東京などへ旅立つ。

未来がどこまでも広がっている。
彼らはこの素敵な青い海に囲まれた島で育った事は忘れないと思う。

船着き場の売店にお土産として、イラブー（海ヘビ）を売っていた。真黒く、とぐろを巻いている形で売ってある。燻製してあると聞いた。黄色と黒の模様は見えない。名物なのだろう。どのお土産よりも陳列の量が多い。

随分前、くっにーは一度**イラブー汁**を食べた事があるそうだ。スープは濃密で深い味がして、イラブーはカツオのなまり節の味に似ていたそうだ。でも、それ以来もう一度イラブー汁を食べようとは言わない

くっにーは以前スキューバダイビングをやっていた時、沖縄の海では何度も海へビと遭遇したという。海の底からユラユラと上がって来る黄色と黒の縞模様をを見た時は、かなり気味が悪かったそうだ。海へビはハブより猛毒だそうだが、頭が小さく口も大きく開かない為、めったに噛まれる事は無いそうだ。でも一度、二匹の海へビに両側から近寄られた時は、海の中だけど冷や汗が出たと、くっにーが言った。その時の焦っている様子が目に浮かんできて可笑しい。この海へビは船着き場から見えるごつごつした岩の下あたりに居るのかな。

飛行機の窓から見えた久高島、沖縄本島の斎場御嶽《せーふぁうたき》から見えた久高島は、ここに生活があり、今も祈りの島として輝いていた。そして、遠い昔からの息づかいが伝わってきた。

粟国島《あぐに》

「粟国島には行ったっけ」と、くっにーは言う。

「行きましたよ」と私は答えるのだけど、もう何回も聞くのでとても可笑しい。くっにーの記憶に粟国島はない。

五、六匹のスズメバチが我々めがけて威嚇してきた事を思い出させると、「あぁ、そうだった」と唯一、断片が目に浮かぶみたいだが、その場面は粟国島であるかどうか分かっていないと思う。私には粟国島の**洞寺**を背景にして写真を撮ってもらう瞬間だったので、スズメバチの記憶は忘れられない。

洞寺といっても、まだそこは洞寺への入り口の門だった。当然そこより先は怖くて行けない。「来るな、くるな」とスズメバチが言っているのかも知れない。その門から海の方へ下っていくと有るようだが洞寺は今回は止めておこう。

友達のチエちゃんがその後、洞寺に行ったという。「スズメバチがいなかった?」と慌てて聞く私だった。洞窟の中まで写真に撮ったものを見せて貰った。

粟国島はとても行きたかった島だ。

映画**「ナビィの恋」**の撮影地だから。

沖縄本島から二時間の船旅だ。晴れた日だった。二時間かかるなら、ちょうど一時間経過する所で、沖縄本島と粟国島の両方が見えるかも知れないと、私は甲板に陣取っていた。

一時間経過するまで海を眺め、今は結婚して埼玉にいる娘にメールをした。「粟国島の診療所に琉大時代の友人Aさんが働いているよ」と返信がきた。こんなに離れていて、しかも海の真ん中までもメールが瞬時にくるのが面白い。

一時間が過ぎて来ると沖縄本島がほとんど見えなくなる寸前だ。沖縄本島は黒い一本の縄みたいになった。反対側を振り返ると遙か彼方に、見える小さな固まり。水平線に浮かんでいる。粟国島に違いない。それからはずっと、その島を見続けていった。そのころ、くっにーはカーペット敷きの船室に、洗面器を抱くようにして寝ていた。昨晩の飲み過ぎ・食べ過ぎの結果である。

福岡に帰り、「沖縄の離島」の本で粟国島の欄を見ると、見ていない所が沢山ある。今まで行った離島は、ガイド本の内容はもちろん、隅々まで見ているのに何という事だ。そういえば、私も洞寺と診療所だけしか頭の中に浮かんで来ない。洞寺入口のスズメバチが一番の記憶だなんて粟国島には申し訳ないと思う。

粟国島で撮影された映画**「ナビィの恋」**の挿入曲**「ラフティ」**が好きだ。

マイケル・ナイマン弾くピアノの「ラフティ」と登川誠仁の唄三線**「下千鳥《さぎちじゅやー》」**がコラボしている。

二人の奏でる音が、生きる哀しみ、生きる喜びを唄いあげる。私も「ラフティ」を弾きたくなって練習してみた。難しいが癒されるのが分かる。粟国島へ船で近づく光景を思い浮かべて弾きはじめると音がナイマンさんのピアノにほんの少しだけ近づけるように思える。粟国島への船旅を懐かしく思い出させてくれる。

産業祭り

沖縄本島には産業祭りというのがある。沖縄のテレビでも大々的に宣伝している。以前行ったことのあるくっにーが面白いから行こうと今回の旅のスケジュールに組んでいる。初めて産業祭りの事を聞いた時は「産業」という文字自体がなんとなく、面白くなさそうだと感じていた。その面白さを話してくれるけど、「ふうん」ぐらいに考えていた。那覇空港に近い奥武山（おおのやま）公園で三日間の開催である。奥武山公園は広い。ゆいレールのプラットホームからみるとその広い公園いっぱいに店が出ていた。

十月なのに暑い。

福岡で沖縄行きの準備をする時、「ブレザーを持って行ったほうがいい」という私に、頑として「いらない」と言うくっにー。寒かったら何か買えばいいとの結論に至ったが、ほとんどの人は半袖だった。私の負けだ

木陰を選んで歩いた。ほんの少ししか見ていないのに、冷たい物を食べようと意見が合う。私は沖縄のぜんざいを注文。沖縄に来るたびぜんざいが気になっていた。那覇空港に着き荷物を受け取るまでにぜんざいの店が一番はやく目に入る。

普通ぜんざいは、お正月か、冬場に食べるものと思っていたので、沖縄のぜんざいは気にはなるが今まで一度も食べた事が無かった。沖縄のぜんざいには金時豆と白玉と、かきごおりが入っていた。ぜんざいには、あずきを入れるものと考えていた。ましてや、これは氷あずきの仲間だ。

ぜんざいではないようだが所かわればの一つだ。

身体が涼しくなり満足して歩きだすと、何処からか沖縄民謡の歌声が聞こえてくる。音楽を流しているのかなと思ったけど人だかりがしている。駆けつけると、四人の唄い手が綺麗な声で唄っている。浴衣ではないけど、舞台衣装のようなきらびやかな着物ではない。

「上手だけど、セミプロかな」と思ったら、**ネーネーズ**だった。

ネーネーズはいつも**紅型**《びんがた》の衣装を着て唄っているのでぜんぜん分からなかった。メンバーもすっかり変わっていた。ラジオ放送の中継もやっていた。DJのおばさんが最後にカチャーシーをやったので、観客も踊りだした。前面に出て、何かに憑かれたように踊っているおばさんに笑ってしまった。

くっにーは、サングラスをしてかりゆしウェアーを着ていた。サングラスは自分で怖い人に見えるなんていって掛けている。そしてカチャーシーの時、観客席の後ろの方で手を少し挙げて踊るような仕草をしていた。私は、ちょっと疲れて近くのイスに座っていた。

「こんなものを貰った」

と、くっにーは何かが入った袋を嬉しそうに持っている。沖縄でよく見るコンビーフハッシュが入っていた。観客席の誰も貰っていない。踊っている人は貰いたくて前に出て踊っているとくっにーは言っていた。でも、前面に出て踊っているわけではない。女性がわざわざ持って来てくれたと言っている。

「何でだろう」

「誰かと間違ってくれたのかな」

「誰かって？」

「・・・・」

「誰に間違われたのだろう」

「少し偉い人？」

「・・・・」

二人で不思議がっていると、向こうから女の人がにこにこして近づいてきて何か入っている袋を又、くっにーに渡した。

さっきくれた人とは違う人だという。何でくれるのかなとますます可笑しくなった。袋を開けると又、コンビーフハッシュが入っていた。「沖縄ホーメル」の提供でやっている放送だったからホーメルのコンビーフハッシュを貰ったのだ。産業祭りに内地からわざわざ来る人はあまりいないと思う。

たしかに我々は内地人そのものだから目立っていないとは言えない。内地から、わざわざ来ているからくれたのかなと思った。

サータアンダギー、ちんすこう、黒糖、もずく加工品、シークワサー加工品、泡盛、焼き物、花織、等など、同じ物の店がずらりと並んでいる。試食をしながら歩くとかなりお腹も満足になる。

くっにーは泡盛のコーナーにもう一度行こうとするので、「暑いから木陰で待ってる」と、ベンチに座った。木陰は座っている人が目立つ。なにしろ暑いのだから。隣に老夫婦が座って来た。沖縄の人だったから確認の為、

「この木はクワディーサーですよね」と聞いたら

「そうですよ」と即答。

「昔、よく食べました」

クワディーサーは食えないから、喰われないさ、と言う意味と聞いていたから驚いた。

「久米島で食べました」

と二人は懐かしそうにクワディーサーの木を見上げている。落ちた実は美味しいそうだ。熟れたのを食べたら美味しいのかもしれない。

久米島から、沖縄本島に引っ越して来たのは子どもの学校の関係で来たそうだ。久米島はどんどん出ていく人ばかりで、反対に内地から移住してくる人が多くなったそうだ。

「内地から来た人は何をしていますか」と聞いたら、自分が知っている人は、ご主人は、ドラゴンフルーツの黄色い品種を作り出す研究を、奥様は染色で教室をされているとの事。退職を待ち切れずに、やってきたとの事。

温かい島での暮らしは夢を実現するのに良い環境だ。ゆっくりと時間が流れるのがいい。

その日、ホテルに戻ってからもコンビーフハッシュで笑った。くっにーは「俺に気があるんだ」と言っている。否定できないのは、うちなー（沖縄）の女は、内地から来た男に興味を示す。

その白くて長い顔がいいと言うそうだ。「私のような、うちなーの濃い顔はモテナイ」と言ったのは照屋政雄先生だ。うちなーの女の人は昔からそうだったと先生は言う。ただ単に、踊ってくれたのが見えたからなのか、素敵だったからなのか。これはいろいろ想像するのがいいのかな。

気になる島（新城島）

三月後半、**西表島・由布島・小浜島・竹富島**の四島周遊コースに出かけた。くっにーが以前、何回か行ったことがある竹富島を見せたいとよく言っていた。那覇空港から石垣空港へ飛ぶ。石垣空港までは、そうとう長く乗っていたように思う。

以前は、福岡空港から石垣島へ直行便があった。フラワーアレンジメント教室で一緒の友が石垣島の出身で、直行便がなくなって不便を嘆いていた。その友に、石垣島の事を少し聞いていた。一つだけ、気になる事を友は言った。「空港に着いたとたん、牛のフンの臭いがするよ」。**石垣島**は暑かった。季節はまだ三月なのに。空港に着いて、牛のフンの事は忘れていた。でも、牧場が近くに有るなあと感じられる空気があった。石垣牛で有名なのだから当然だろうなぁ。

石垣港離島ターミナルから四島周遊コース船は出る。観光案内所で、くっにーは、もう次回の島巡りのコースの島の事を聞いているようだ。私は壁に貼ってある島の案内文を見ていた。**新城島**を**あらぐすくじま**と書いてある。面白い読み方！と自分で笑いそうになった。

くっにーに、「あらぐすくじまって読むんだって」

と伝えようとした。ほとんど同時に、「しんじょう島へは・・・・・・」

と、そこらじゅうに聞こえる大きな響く声で訪ねている。くっにーの声である。観光案内所の方は、どう訂正したのかな。「しんじょう」とは、私には、野球のしんじょう選手の事が浮かぶが、
野球の「しんじょう」は新庄と書くのだった。

初めて見る八重山諸島の海は、珊瑚礁のリーフがたまらなくステキだった。

西表島《いりおもて》・由布島《ゆふ》

イリオモテ島と読む事に以前は、いつも違和感を持っていた。普通にニシオモテジマでしょう。でも、沖縄に通ううちに凄く納得した。太陽は東からあがり、西に入る。だから、

「東」を「アガリ」

「西」を「イリ」

「北」は「ニシ」、「南」は「フェー」

でも、北を「にし」では、本土の人間は面食らうでしょうね。

西表島は大きな島のようだ。ずいぶん沢山の見学をしたと思っていた。でも私達が観光をした所は、ほんの一部だった。

観光バスの案内のおじさんの説明にとても可笑しな話があった。観光客は、西表島でネコを見るとすぐにカメラを向けるという。それを見ておじさんは、「何と言ってあげたらいいのか・・・・・」「それはイリオモテノラネコですよ」

実は私もネコがいたら、シャッターを押すつもりだった。今回は、ノラネコさんもいなかった。

三線仲間のチエちゃんは、西表島の船浮という所によく行く。**船浮**《ふなうき》はイリオモテヤマネコが発見された所だ。チエちゃんは、イリオモテヤマネコに会う為ではない。イリオモテヤマネコよりイケメンの唄を聴く為だ。

船浮うまれの歌手、**池田　卓**《すぐる》**。**主に八重山民謡を三線で唄い、作詞・作曲もする。現在、船浮を拠点として活動している。独特の甘い顔、つまり、イケメンだ。チエちゃんは「すぐるくん」と呼んでいる。唄う時、少しはにかんだ顔をする。

船浮へは、西表島に着いてもバスに長く乗り、又船にも乗りやっと着く所みたいなので私達には行けそうにもない。「船浮」という名前は行きたくなる名前ではあるが・・・。

西表島の美原から**由布島**へは水牛車で行くことになっている。何台もの水牛車が行きしている。言われるままに乗った。年寄りの水牛だった。もうすぐ引退する水牛という。由布島が目の前に見えているので、向かっているが、なかなか着かない。水深は二十センチ位で流れはすごく速いとは思われない。他の水牛車は、ぐいぐい引っ張っているのが目に見える。私達の水牛車は流れに漂っているようだ。

でも、このスピードが気に入りました。

由布島は砂が堆積して出来た島だそうで、「花と緑の楽園」だった。

そこで、フラワーアレンジに使った珍しい花に出会った。ピンポン玉ぐらいのパイナップルに割り箸をつきさしたような花だ。木琴のバチの形をしている。まさか由布島で出会うとは思わなかった。木琴のバチがニラのような葉の間から何本も出ている。欲しくなった。

帰りはどの水牛車に乗ろうかなと思ったが言われるままに乗った。水牛車の案内のおじさん曰く、

「隣の水牛車は、この水牛の子どもです」又、ゆっくり、ゆっくり戻る水牛車の旅でした。

水牛車に揺られながら突然くっにーが思い出したように言った。

「そう言えば、もう二十年以上も前になるのかなぁ。息子と沖縄旅行で此処に来たのは・・・」

「あの時は、息子は大学受験に落第したばかりで少ししょげてたなぁ」と懐かしく思い出したようだ。

実は息子は、その時大学受験にチャレンジしたばかりだったが、くっにーにはセンター試験の点数で当然、落第すると分かっていたので、高校三年間の頑張りと、その頑張りの疲れを取ってあげ、再チャレンジする為の英気を付けてあげようという事で、息子には内緒で、合格発表翌日に

出発する予定で、飛行機の搭乗券を購入し、ホテルの予約を済ませていた。案の定くっにーの予想通り受験番号は無かった。

その夜、しょげている息子に、

「明日から沖縄旅行に行くよ」

と声掛けしたら息子はびっくりしていたが、気晴らしになると思ったのだろうか「分かった」と返事し、高校の友達に、「落第したから、明日から八泊九日の沖縄旅行に親父と行くんだ」と電話していた。くっにーはこの父と息子の二人旅を「落第記念旅行」と銘うっていた。

沖縄本島最北端の辺戸岬から始まって宮古島、石垣島、西表島、竹富島、そしてこの由布島迄来たそうだ。この八泊九日の沖縄旅行の間、くっにーと息子は何を語り合ったのだろう・・・

旅行から戻って来て息子は浪人生活を頑張り医学の研究医の道へ進んだ。

沖縄の海と空と自然のエネルギーが息子を励ましてくれたのだと思っている。

私達が沖縄に興味を持ったのも、この旅行がきっかけだったのである。

小浜島《こはま》

「ちゅらさん」のテレビドラマを見ていたから、楽しみにしていた。

小浜島に着くには、出発の西表島から、かなり遠回りをする。西表島からすぐに小浜島が見えてきたのに、島の方へは近づかない。玄関が見えているのに、裏の勝手口に向かっているみたいだ。訳は、珊瑚礁に囲まれているので、珊瑚礁を一ヶ所削った水路を通って港に行くしかない。その分、素敵な海が堪能できる。

このまま、ずうっと海を眺めていたい風景が続く。

島内には、ちゅらさんのロケ地を表示してある。「ちゅらさん」のテレビドラマがあっている頃は、沖縄の事も、まして小浜島の事など、どこらあたりにある島かも知らないで、沖縄とひとくくりにして考えていた。

昔ながらの集落は島の真ん中に、寄り添うように固まっていた。「ちゅらさん」で主人公の家として登場した家の赤瓦屋根を見ると、中がどのようになっているかとても気になった。

一度、住んでみたい。島風があるので、涼しい風が入ってくるのかな。又、蚊が集中攻撃してこないか心配でもある。

小浜島の思い出で、今でも心に残っている事がある。ガイドの人の指差す所に、一本松があった。とても痩せている松に見えた。「一本松より下に家を建てたらいけない」と、言い伝えられていると聞いた。すぐに、津波の事と関係があると思った。

福岡に帰り、小浜島の一本松の事を調べたら、一七七一年に大津波が来て、その時に松の種が運ばれて来て、芽が出て育ったとか、五本あった松のうち、四本が津波に持っていかれたとか、いろいろ言われていた。

一本松は海抜三十メートルの所にある。

竹富島《たけとみじま》

四島巡りの最後は竹富島。サンゴの石垣と白い道、ブーゲンビリアの花に囲まれ幸せ感がいっぱいだ。レンタサイクルを借り島内を一周した。「これはいいアングル」「電柱が入ってしまった」「撮り直し」と、忙しい。集落の路地を走る。

竹富島の路地という路地はサンゴのかけらがまかれていて真っ白な道だ。毎朝、島の人達が綺麗に掃き清めているそうだ。又、二階建て以上の建物は島のきまりで建ててはいけないそうで、ずっと昔のままの風景が残っている。多くの観光客は、この風景を見たくてやって来ているようだ。

「なごみの塔」に登ってみた。「なごみの塔」は階段が狭くて急で以外と怖かった。

なごみの塔から見える竹富島は赤瓦の集落が一望でき、赤瓦の色と白い道とサンゴの石垣と海のコントラストがとっても素敵だった。

沖縄民謡といえば誰でも知っている代表的な曲**「安里屋ユンタ」**の唄にある、美女**「安里屋のクヤマ生誕地」**があった。赤瓦が陽に焼けて薄くなり、所どころ黒味がかった瓦になって歴史を感じる。クヤマはきっと、南国美女だったに違いない。唄までうたわれたのだから。クヤマは、この地で、青い空、青い海を見てなにを夢見ていたのだろう。

竹富島は星砂が有名である。沖縄のお土産屋の店先には星砂がいくつも売ってある。だけど、いつも、自分で探してみたいと思っていた。それが、やっとできる。島内を一周して**カイジ浜**に行った。

星砂の浜の一角の小さなテーブルにヒモでくくりつけた大きな虫眼鏡と、いくつかの星砂の見本が置いてあった。浜へ急いで行き目をこらした。一つ目を見つけた時は感動した。小さな小さな星砂だ。二個目はなかなか見つからない。みんなが拾うから少ないのかな。やっと五個見つけて大事にしまった。

これで、竹富島の見学はほとんど済んだと、帰りの用意をして船着き場へ行った。そこで大きな垂れ幕を張っている人達に出会った。

日本一早い夏！

　最南端・八重山の海びらきと書いてある。

期日を見ると、三月二十一日となっている。「明日じゃない！」と驚いた。もう一つ驚いたのは、そのイベントに、「**池田　卓**《すぐる》　来る」と書いてある。その前、私達は迷っていた。

本当は、明日は鳩間島に行く予定だ。だけど、明日の天気予報は、海が荒れる予報だった。

観光案内の人も、「鳩間島行きの船が出るかどうか、何とも言えない」と言う。たとえ船が出ても、帰りの船が出なくて、島に泊まる事になったら、福岡に帰る飛行機の搭乗券も買っているので困る。

「すぐる君が出演するなら、もう一度竹富島にきて、竹富島の海びらきを見ようよ」当然一致した。「すぐる君に出会えた事を、チエちゃんに言うと、羨ましがるだろうなぁ」と笑い合った。

石垣島のホテルに戻った。ホテルは港が見下ろせる所にある。


翌朝、港を見ると、朝早くから昨日とは違う。沢山の船が港から出て行っている。「竹富島の海びらきに行くんだ」と分かった。きっとお弁当は買って行った方がいいだろうと、くっにーは幕の内、私はバクダンを買い、船に乗り込み竹富島の海開きがある**コンドイ浜**に向かった。

海辺の砂浜に沢山のブーゲンビリアで飾られたステージが出来ていた。ブーゲンビリアはコンドイ浜の海風に揺れている。砂浜では海をバックにして芭蕉布色の着物に赤や黒の帯をしめた女性六人が、スピーカーから聞こえる地謡に合わせて踊り始めた。かなり太めの一人がいる。
「太めで、踊りはねえ」そう思っていたら他の人よりずうっと上手い。痩せた人が貧相に見えてしかたがなかった。

仮設テントの中のマイクを通して三線を弾き唄っている人は、この地の人だろうか。声がいい。竹富島にピッタリの味のある唄い方だ。

海では、もう泳いでいる人達がいる。ボランティアの若者だろう、何人かで、海の中から泳ぐ人を見守っていた。

今度は、ステージの前方で二十人くらいのおじさん、おばさん達が両方にわかれて踊り出した。頭に白いハチマキをし島の着物を着ている。にこにこと向かい合って踊っている。何という名の踊りなのだろう。竹富島の踊りだと思う。心から楽しそうな踊りだった。

食事をした。コンドイ浜での食事なんて贅沢だと思った。島風が早い夏を運んできている。私が買ったバクダンとは、おむすびをイカスミの入った練り物でくるんで蒸すか、揚げてある。油っぽくないから、やっぱり蒸してあるのかな。

パクパクと食べていたら、何か強い視線が来る。ハッとして顔を上げると三人の人が私のバクダンを見ている。ここでは売ってないし、ちょっと申し訳なかった。一度、食べてみたいと思っていたものだから、とても美味しかった。

この旅行で、福岡に帰る時、那覇のスーパーで又、バクダンを買って帰った。

いよいよ、すぐる君の出番だ。

その前に、ミス八重山の御披露目があった。昨年度のミスから、今年のミスへのバトンタッチの式典である。二人ずつ選ばれていたが、少し色の黒い人の方が可愛い。くっにーときたら、バトンタッチして新しい二人にインタビューがあっている間に、旧ミスがステージを降りると、ちゃっかり両脇にはべらして写真撮影していた。


いよいよ、すぐる君！

ステージの前に、今迄どこに居たのかと思われる程の、若い人達がドッと集まってきた。砂ぼこりがした。私達は押されるようにして二列目に陣取った。

この集まりの中で、テントの方をを見ていたら、先ほど、踊りの唄をうたっていた唄者のおじさんが、三線ケースに三線をしまいながら「バタン」と、かなり強く閉めた。すぐる君の人気が面白くないのが分かる。憮然として三線ケースを持ち立ち去って行った。これを見ていたのは、私だけ？

すぐる君は、持ち歌を唄った。少し、はにかみながら。

「安里屋ユンタ」

沖縄民謡

一、サー君は野中のいばらの花か（サーユイユイ）　暮れて帰れば　やれほに引き止める
（マタハーリヌ　チンダラカヌシャマヨ）

一、サー嬉し恥かし浮名を立てて（サーユイユイ）　主《ぬし》は白百合　やれほにままならぬ
（マタハーリヌ　チンダラカヌシャマヨ）

一、サー田草取るなら十六夜月《いざよいつき》よ（サーユイユイ）　二人で気がねも　やれほに水入らず
（マタハーリヌ　チンダラカヌシャマヨ）

一、サー染めてあげましょ紺地《くんじ》の小袖（サーユイユイ）　掛けておくれよ　情けのたすき
（マタハーリヌ　チンダラカヌシャマヨ）

一、サー沖縄良いとこ一度はおいで（サーユイユイ）　春夏秋冬緑の島よ
（マタハーリヌ　チンダラカヌシャマヨ）

渡名喜《となき》島・入砂《いりすな》島

五月は忙しかった。だから、離島を訪ね息抜きをしたいと、今回は渡名喜島を目指した。当然沖縄方面へは宝島さがしからスタートの私達。

沖縄は梅雨だから、宝島は期待できない。でもスクープは狙っている。福岡空港から丁度一時間後ぐらいに宝島が見えるはずだ。雲が途切れているところが出て来た。見えるかも知れない。コーヒーを飲みながらも目は探しまわっている。しかし薄い雲も出ている。「まずいなー」今日は無理かなと思っていると、いつの間にか、くっにーがアテンダントに宝島の事を訪ねていた。

「今日のルートに宝島は遠くにしか見えません」と言う返事。なのに、二、三分後、「左手に見えています」と言って来た。やはり、温情があったんだ。

宝島が飛行機の左下に薄く見えている。

「ねー、くっにー。人に頼らないで運だめしで見つけなくてはだめだよ」

見えた幸せは、やはり少なかった。それは・・・

渡名喜島に行く日の那覇市の泊港。船に乗る時、いつものように船の名前と一緒に写真を撮る時、「何か変だ」と、くっにーがデジカメをいじっている。

「あっ、やっちまった・・・」

私は昨晩、デジカメ用のバッテリーを充電した後、カメラの中に入れるのを忘れていた。昨晩はオリオンビールと日本酒も飲んだので、頭が廻っていなかった。気まずい雰囲気の中で、くっにーはインスタントカメラを購入した。

渡名喜島に船で近づく時だった。大きな島と小さな島が見えた。渡名喜島は一つの島だと思っていたら、くっにーが、「あの小さな方の島は、アメリカ軍の軍事演習の島だ」指差しながら言った。「聞いてないよ」と言いたいくらい驚いた。何でこんな所にと思った。

渡名喜島に着いたら、さっそく探検だ。集落の中はフクギ並木が続いている。

「フッ！、シイッ」

私は何かを払いのけた。

「何か言った！」

「いいえ、変な虫がきたから」と答えた。文句を言ったと思ったらしい。

「フッ！、シイッ」

今度は、くっにーが、手で何かを振り払っている。アブだ。私は笑ってしまった。フクギが塀の代わりになっている。赤い瓦の家が、フクギに囲まれてあまり見えない。赤い瓦の家が低く感じられる。低いのかもしれない。

「家の敷地の部分の土地を掘り下げているようだ」とくっにーが言う。

「掘ったら湿気が溜まるから、掘らないはずよ」と私。

歩いているとムンムンと湿気がある。暑い日だったが、それよりも湿気がすごい。フクギ並木の中は風ひとつ無い。布団が湿気ないか心配になった。

テレビのアンテナが見えない。台風対策だと思ったら、渡名喜島の各家庭では受信出来ないので、渡名喜島で一番高い山に受信のアンテナを備え、それをケーブル線で各家庭につないでいるそうだ。

フクギ並木の道があまりに蒸し暑いので、集落から少し離れ出た。風が心地よい。いちめんキビの畑が広がっている。背丈が低いキビのようだが、幼い時見たキビもこんなものだったかなと見ていると、どこからか、沖縄本島で聞いた事のある米軍の戦闘機の爆音が聞こえてきた。

「どこだ、どこだ」私は走り出した。くっにーが後ろから追いかけてくる。見える所まで行ったら海岸通りに出た。まさに、あの小さい島の所だ。

二機の戦闘機が小さい島に向かって何度もなんどもヒュルヒュルと攻撃を繰り返す。あれはミサイルだろうか。小さい島に突撃のように迫って来る時は、物凄い音を出してくる。何回旋回を繰り返したのだろうか、飽きるほど繰り返し、沖縄本島の方角に消えていった。

これが現実なんだ。

何だか力が抜けてきた。

沖縄本島で見た戦闘機だと分かったのは、沖縄市松本にいた五日間毎日、朝から黒い大型のバッタの形をして、争っている黒い鳥の形のようでもある戦闘機が急降下の演習をするのだ。

建物の上を、二機ずつ組んで、

「バリバリ、グォーオン」

「バリバリ、グォーオン」

急降下して空をつんざくのである。

「うわっ、あっ、危ない！」いつかは落ちる。そう思った。よく見ると、カデナ基地から飛び立ち、松本のこのマンションの上を通り、知花の上空で、ユーターンしている。必ず二機がペアになって爆音をまき散らす。先生と生徒で教え合っているのだろう。失敗もありえる。黒い戦闘機が何時落ちるかもしれない恐怖があった。日曜日にはやらないだろうと思ったら残念。飛んで来ました。沖縄へ毎月通った二年間ずうっとこの光景を見た。私はこの光景を見上げてしまう。住んでいる人は、あまり見上げていない。慣れっこになっているのかな。私が居る時だけ演習をする訳がないから、ほとんどやっているのだろう。

東京の上空で、この演習をやったら、きっと誰も黙ってはいないだろう。一日で止めさせてしまうだろう。沖縄では、毎日やっていた事を思い出した。

昼食を取ることにした。民家の中が食堂だ。名前は**「ふくぎ屋」**縁側から入ると、昼時なのか、客が大勢いた。工事現場の服装の人達が多い。メニューには沢山あったが、今日できるのは少なかった。野菜炒め定食を頼んだ。食べきれないほどの量が運ばれてきた。量の多さは此処も沖縄本島と同じだ。沢山歩いたので、そしてまだ沢山見学するので、がんばってたいらげた。

集落の他に島の全体を見る為に今度は、電気自動車を借りることにした。二人乗りだったらいいなぁと思っていたら一人乗りだった。ペーパードライバーの私は、びくびく。運転の方法を教わったが、駐車場から二メートルほどの道路に出るだけでも、急発進、急停止を繰り返している。くっにーが待っていると思うとよけいに焦った。道路に出ると意外にスムーズに走れる。少し前をくっにーが走っている。

慣れてくると、ハンドルさばきは、上手くいっている。この電気自動車を初めて見たのは、フクギ並木を歩いている時だった。小さな広場に二台止めてあった。

「何だろう、ピザの宅配便に形が似ている」と思っていると車体に、何やら漢字が沢山並んでいる。

米軍・・・・・・・・・・・・

「それって、アメとむちの、あめ？」

演習場があるので、そうなんだと思ったが、暑さが気になり私の中では、そのままになっていた。

海岸通りをくっにーはどんどん進む。同じ間隔で付いて行けるまでになった。島をぐるりと回ると、展望台が山の中腹の見上げる所にある。くっにーが
「あそこまで行く？」と聞いて来た。電気自動車がひっくり返りそうな坂道だ。あわてて首を横にふった。

「ハブに注意」の看板があり、ハブに遭遇しそうだったからだ。

電気自動車を返す所まで、又、神経を使って運転をした。来た道と同じ海岸通りだ。

海風が吹いていたかも知れない。

海の色も綺麗だったかも知れない。

だけど、ハンドルと方向指示器とアクセルとブレーキが気になり何も覚えていない。その間演習もあっていたのだろうか。その爆音さえも、耳に入らないくらい緊張して運転していたようだ。

電気自動車を返したらすぐ横の船着き場にきた。乗船までまだ二時間もある。今日の帰りの船の便はその便だけである。なのに、もう何人もイスに腰掛けている。私達のような旅人は少ない。仕事で来ているのだろうか。作業着姿の男の人が多い。

船は久米島の方向から来る。この渡名喜島に一端寄り沖縄本島に行くのだ。


冷たい水をペットボトルから飲みながら、彼方を見ていると、今度は米軍のヘリコプターが二機やってきて、小さな島に向かって攻撃を始めた。攻撃の後、炎と煙が立ちのぼる。一度に五、六カ所から炎と煙が立ちのぼる。攻撃しては飛んで逃げ、Uターンしてやってきて攻撃する。これも、飽きるほど攻撃をした。


その様子を端っこにあるイスでノートに克明に描いている人がいる。ヘリの絵も、攻撃の際の煙の様子も書いている。一生懸命に書いているので、私は、横目でチラチラ見た。くっにーに
「自衛隊の人だろうか？」小さい声で聞いた。

「さっき少し話をしたら、凄く初歩的な事を聞いてきたので、そういう人ではなさそう」と言う。よく考えたら、軍関係だったら、それはビデオで撮ればいいのだから。彼は個人的にブログ等に書くためなのかな。

一人のオジイが壁にもたれて、じっと演習を見ていた。身じろぎもしないで見ていた。潮に焼けた肌は漁師（海人＝ウミンチュ）の顔だ。何を思って見ているのだろう。

お土産物売り場があるが、だれもいない。売り物もない。しかし、名物の名前を書いたチラシが

貼ってある。キビクッキーの文字が美味しそうだ。

じっと目を凝らすと久米島の方角に船らしいものが小さく、小さく見える。やっと土産物売り場があいた。女の人三人が海産物やクッキーなどを運んできた。キビクッキーを買った。美味しい香りがするので我慢ができず、帰りの船の中であけて食べ始めた。クッキーの中のキビが口の中でごろごろと素朴にころがる。全部食べたらいけないと思って少し残した。

福岡に戻り、どうしても気になった電気自動車の後ろに書いてあった漢字だらけの文字。渡名喜島の役場に問い合わせた。きれいな標準語で対応されたので、少しびっくりした。


〔沖縄米軍基地所在市町村活性化特別事業〕だった。


こんなに長い文字を電気自動車に書いてあったのだ。

詳しく知りたかったら代わりの者を呼びましょうかと言われたので、お願いした。

軍事演習をやっている島は、**入砂島**《いりすなじま》といい、戦後から演習をやっている事。

電気自動車は平成十八年から十台あるそうだ。

他の島にも、例えば伊江島等にもこの電気自動車はあるのか聞いたら、島では渡名喜島だけだった。応対をしてくれた役場の人に先日、渡名喜島へ行ってとても良かったと言ったら、「何もない所ですよ」と言われた。

けれど、何も無いから行きたくなるのだ。だけど、米軍が軍事演習をやっていた事は驚いた。

この事情を知っている人は少ないと思う。グーグルで入砂島を見てみた。ナスカの地上絵みたいに、砕けた白い線で、丸や長い線をいくつも引いてある。緑はなく沖縄の島とは思えない。それなのに島の周りの海は珊瑚礁が青く美しく光っている。

島の形は、珊瑚礁の中の涙のように私には見える。

私が神様だったら、空から入砂島を見て、

「この素敵な地球に、何でこんな野蛮な遊びをするのだ！」

きっと怒るだろう。


今回の福岡に帰る旅の締めくくりも、機上から宝島を見ることが楽しみになる。見えたら幸せになるという宝島を何度も見たいと思うのは、欲張りだと思うが、見えたら嬉しい。しかも、今月の機上のクラシックは、辻井伸行（ピアノ）、佐渡　裕（指揮）ベルリン・ドイツ交響楽団によるラフマニノフのピアノ協奏曲　第二番　第一楽章となっている。

「ちょうどこの曲が聴かれる頃、宝島が見えるといいなぁ。最高だなぁ。これより贅沢はない」

と期待した。涙が出るかも知れないと思った。

ヘッドホーンから辻井さんのピアノが聴こえて来た。

宝島は、雲の下に隠れたままだった

後に渡名喜島出身の人に聞いたら台風対策の為、家の敷地の部分の土地を掘り下げているという。お金持ちほど深く掘り下げているという。

「うちは深く掘っていますよ」

と、その女性が誇らしげに言ったので可笑しかった。

カヌチってなんだ

くっにーと次なる離島を検討していた。遠くでは鳩間島に行っていない。しかし鳩間島に行くには、季節を考えなくてはならない。その一番は台風だ。だから、鳩間島はまだまだおあずけだ。

離島だけでなく、沖縄のお祭りも見に行けたらいいなといつも思っていた。調べていたら何と今回は、**「那覇の大綱挽」**があるのが分かった。今まで、大綱挽が有る時にいつもスケジュールが合った事がなかった。離島は次の機会になった。大綱引きはとても気になっていたお祭りだった。

・大綱は誰が引くのだろう。
・観光客も参加できると聞いたことがあるが、人数の調整はどうするのだろう。

観光客をどうやって東西に分けるのだろう。疑問が出て来た。大綱挽の当日には、伝統の**「旗頭（はたがしら）行列」**もあるとパンフレットに書いてある。

それも気になるので見ることにした。

旗頭行列は那覇の**国際通り**を通る。大綱挽は国際通りから少し離れた国道58号線であるという。

「旗頭行列を見た後で、歩いて大綱挽がある所に行くからね」くっにーが計画を立てているが、この計画は何となく疲れそうだ。なぜならば、こういう時のくっにーはすごい速足になる。

旗頭行列は午前十一時から始まる。私達は一時間前に国際通りに着いた。道路に面してベンチがあった。疲れない為にそこに座って待つことにした。見渡すと、四人ほど見物しやすい歩道にシートを敷き座って待っている人がいる。座り込んでいるのは私達だけでないから心強い。

待ちながら、「国際道路にはベンチが少ないね」と意見が一致した。私は待つ事にあまりイライラしない。くっにーは私ほどには待てない。始まりの五分前になっても交通規制がない。目の前を、車、バスがひっきりなしに通る。

大綱挽は凄い人混みが考えられるので早く移動しなくてはならない。旗頭行列が時間通りに始まらないと困るわけである。まだか、まだかと思っていると警察官が五、六人ほど交差点に集まり交通規制を始めた。

国際通りの遠くに旗頭の先端のような物がちらっと見え始めた。国際通りは平たんだと思っていたのに、坂道になっていたのにびっくりした。何チームも通るようだ。

「三チーム見たら大綱引きの所に移動するからね」と、くっにーがいう。だったら、しっかりと

見ておかなくてはと忙しい。ちょうど、メインになる交差点が目の前にある。

各行列は、交差点で技を披露した。

技は、一人の若者が長さは五メートル位の相当重そうな旗頭を自分の腰に巻いた晒しのような布の所で支えて持つのだ。上方が重いので、風があると支えるのが大変で、倒れかかると周りにいる若者達がサスマタの様なもので慌てて立て直す。観客も旗頭が倒れかかると、「ワアッ」と、どよめく。この技を若者が次々に交代していく。爆竹をならす係がいた。

腕章に「火砲」と書いてある。

絶え間なく爆竹が鳴り響く。この若者達の集団の前後には、その地域のおじさん達の行列が大勢見守っていた。殆んどの人が係のタスキを掛けている。

大綱挽行列委員

久茂地盛鶴保存会常任理事

久茂地盛鶴保存会顧問

まだまだ別の係が気になって来た。

とまり会役員

東一番牧志行列委員長

首里実行委員

首里実行委員長

大綱挽行列委員長

タスキは白地に赤の縁取りの中に筆で大きく書いてあった。委員長は白地でなく黄色だ。格が違う。その中で赤い腕章に墨で書いた文字で「カヌチ」と書かれたものを付けている若者達がいた「カヌチってなんだ」気になってしょうがない。聞けばいいのだが雰囲気が聞けそうにない。私達は気になりながら、大綱挽がある場所へ急いだ。途中コンビニでサンドイッチとおむすびを買い、一時間前から座って待っている事にした。これなら、ゆっくり見られるだろう。

昨日、国道58線のこの地点を車で通る時、くっにーから、「この道路の中央分離帯のブロックは大綱挽の為に取り外しができるようになっている」と聞いていた。「なるほど」納得した。

大綱挽の地点に到着すると、もう大綱が道路に置いてある。藁《わら》で編んだ綱だ。それは直径1.5メートル位の大きさで、簡単には作れそうにない。一本の綱でなく、左右に分かれている。中心部はまだ近づいてなく離れている。中心部から七、八メートルほど離れた所に、電信柱を半分に切ったぐらいの大きなテカテカと光った木の棒が大太鼓を置く台の様な物にうやうやしく用意されている。「これは綱を組み合わせて引っ張りあう為のカンヌキみたいなものだ」と分かった。

耳を澄ますと聞き覚えのある曲がスピーカーから流れている。「**瀧落菅攪**（たきうとぅしすががち）」だ。この曲は、いつも速いテンポで三線を弾いていた。ここでは、ゆっくり、おごそかにながれている。こんなにゆっくりでもいいんだと嬉しくなった。大綱挽が始まるまで繰り返しずっとながれていた。

一時間も前なのに既に大勢の人が集まっている。

観客の半分以上は、嘉手納基地か、他の基地の人と見うけられる。イレズミ姿が目立つ。大きいイレズミもけっこうある。カップルも多い。女性はかなり太っている人が多い。彫りが深い超きれいな人か、とんでもなく太っているかのどちらかだ。男性は太っていない。兵士が太ったらいけないだろう。「今、カデナ基地は手薄だ」くっにーが言った。

海に近いからなのか、島だからなのか風が強い。店を出しているテントが今にもこちらに飛んできそうで怖い。店ではビールや飲み物がとぶように売れている。

「大綱は誰が挽くのだろう」と思っていると、旗頭行列の人達がちらほらと見え始めた。

「あっ、この人達が大綱を挽くのだ」と気が付いた。旗頭行列と大綱挽はペアだったのだと初めて分かった。

〔保存会相談役〕と書かれたタスキを掛けたおじいさんがすぐ近くにいた。おじいさんは旗頭行列のゴール地点で待っていたようだ。一番の長老のようだ。強い風に身体が少し揺れているが、精一杯良い姿勢でいようとしている。タスキをしているいじょう座ってなど居られないようだ。

座りたいだろうなぁと思った。

「もう少し近くに行こう」

くっにーは言った。そこは十字路で大綱挽の中心に一番近い所だった。そこは人であふれていた。

「ここはいい」二人で始まりの時を待った。始まりの三十分前だった。しばらくすると、警察とガードマンが、何人も来て
「この場所を空けて下さい」

「この場所を空けて下さい」と叫びはじめた。

「なんで？」

「なんで？」と思い、私達とそこにいた大勢の人達は、よろよろと押されていった。

「もっと空けて下さい」

「もっと空けて下さい」と、どんどん押されて、よろけながら左右に散らばされた。

「何で、何で」と思っていると、はしご車くらいの、大きな雛壇になった物が後方の道路から交差点に向かってゆっくり動いて来る。何に使用するのかなあと見ていたら、貼紙がいくつも風に揺れている。

〔国会議員席〕と書いてある。私は「ムカッ」ときた。最初からこの場所に設営しておけばいいものをと思った。くっにーは、「段取りが悪い」とそれだけ言った。本当に段取りが悪すぎる。しかし、誰も文句を言っていない。私の頭の中が、

「カヌチってなんだ」から、「国会議員はだれだ」と切り替わった。そちらの方ばかりチラチラ見た。始まりの時刻になっても国会議員席はガラガラだ。

私は人混みに押されて後方に行こうとすると、くっにーはどんどん前の方に行かせる。もし誰かがよろけて倒れ出したら、私は間違いなく、よろけて倒れてしまうだろうと予感がした。いつか花火大会の歩道橋で、なだれのように人が倒れて圧死する事件があったが、これと同じになるなあと本当に怖かった。

周りは屈強な外人や、男達が多い中で私は何をしているのだろうと悲しくなった。

くっにーは「ほら、カヌチがいっぱい集まっているよ」と指差した。すると、目の前には、〔カヌチ〕の腕章の若い男達が手に手に一、五メートル位の木の棒を持ち、二十名位集まっていた。隣にいたおばさんが「これからカンヌキを入れるよ」と私達に言った。

「**カヌチ**って**カンヌキ**の事ですか！」と、驚いた。

後で調べてみたらカヌチとは東西の綱をカンヌキでつなぎ合わせる為の輪の事だと分かった。カヌチ達が、先ほどの電信柱の半分位のテカテカ光った木の棒を担いで、いちもくさんに突進し東西の綱の組み合わさった場所にカンヌキを命中し入れた。

歓声が上がった。

直ぐに挽き始めるのかと思ったが、その前に式典があり、県知事挨拶があった。奉納のように、舞踊があった。東西の男が一人ずつ、交差点の中心部に立ち、舞った。それは、重心がしっかりし、地に付いた踊りだった。大勢の中で、これだけ落ち着いて踊れるとは見事だった。

以前、沖縄民謡公演の舞台で、身長程の棒を持ち、踊った男の人がいたけど、重心がフワフワで、手にしている棒が、彼が回る度に私達の客席の方に飛んで来そうでビクビクした事があったのを思い出した。大勢の中で、あれだけ地に付いて踊れるのは、たゆまない練習と、心の鍛錬の結果だと思った。

今度は東西から、古式豊かな装束の人達が大綱の上に登場しお互いに睨みあった。

東から尚巴志《しょうはし》王、西から北山拳安知《ほくざんはんあんち》のノボリが掲げてある。凄い目力の二人だ。二人ずつ家来を引き連れている。なぎなたの様な物でお互いをけん制し、大綱挽きの始まりを告げた。私達のすぐ横に〔東打楽器委員〕、〔西打楽器委員〕のタスキをかけた二人が台上にいた。小さめの鐘を持っている。若くはない。おじさんとおじいさんだ。大綱の上には東西のリーダーが向かい合って乗っている。

〔東綱方〕、〔西綱方〕のタスキをかけている。

こちらもおじさんだ。五十代位かな。ここに乗れるのは、大変な名誉だろう。

大綱挽が始まった。

直ぐに大綱が揺れ始めると、東西で向かい合っていた西綱方のおじさんがへっぴり腰になり、東綱方のおじさんにつかまり始めた。このまま二人が大綱から滑り落ちそうになってハラハラした。はじめは「このくらいの揺れに、そんなへっぴり腰では駄目だよ」と思ったが、よく考えると、東西の揺れと、左右の揺れの中で、口には笛を加え、手はしっかり伸ばして綱挽のリズムを全体に伝える役目だ。しかも、馬上ぐらいの高さに立っての指揮だ。いつの間にか外人さん達も、観光客も参加し大勢で綱を挽いているのに気がついた。

大綱には枝のように、運動会で使用する太さの藁《わら》の枝綱が沢山ついている。外人さん達や、観光客は東西関係なく挽きたい方を挽いているようだ。大綱は前後、左右には揺れるのだが位置は少しも移動が見られない。東綱方、西綱方の二人も、揺れにだんだん慣れてきて頑張っていた。

これが結果的には三十分の長丁場だった。

ちょっぴり東かな、西かなと三十分間見ていた。以前は、挽く時間が短くて勝負がつかないので、三十分勝負になったとか。・・・・・それでも勝負はつかないで引き分けになった。もう何年も引き分けだそうだ。

あの大きな綱は、揺れても挽くのは大変だと思えて来た。

東打楽器委員と西打楽器委員は三十分間ずうっとリズムを打ちならした。誰とも交代なく鳴らし続けた。

「疲れるだろうなぁ」

気の毒なくらいだった。でも選ばれたら最後までやるという根性は絶対凄い。東綱方、西綱方に次の日にインタビューしたい。三十分間、あの揺れの上にいたら、きっと身体が変になると思ったからだ。でもこの日の為に鍛えていたかもと思った。

大綱挽きが終わった後、大綱に枝のように付いていた藁の枝綱は、少しずつ切り取って、持ち帰っていいそうだ。みんな嬉しそうに持ち帰っていた。沢山の切れ端を持って帰っている外人さんを見た。この「枝綱」を自宅に持ち帰り、飾っておくと家内安全、幸福招来との言い伝えがあるそうだ。この風習は、日本独自の物かと思っていたが、外国の人にも分かるんだ。ゆいレールで帰ったが、電車の床が藁のクズで結構散らばっていたので可笑しくなった。

電車に藁は似合わないからだ。

みんな幸せを願って持ち帰っている。

みんなが幸せになるといいなぁ。


この日も、沖縄の夕暮れは長い時間をかけて暮れていった。

ゆったりとした時間は、琉球の風を頬に感じさせてくれる。

鳩間島《はとま》

沖縄本島で照屋先生に三線を習ってから鳩間島に行くことにした。旅のお土産を何にするか、いつも考える。沖縄本島で買っておき、自宅に宅配便で送っておくと荷物にもならないからそうしようと考えた。何か美味しいお土産の情報をと探した。レンタカーの店や、ホテルのロビーに、ユクルポンという自由にどうぞというフリーペーパーがある。めくっていると、

「琉球宮廷菓子　黄金金楚羊（くがにちんすこう）」

高級で美味しそう！

説明に、琉球王朝より沖縄に伝わる伝統的な焼き菓子、ちんすこう，を贈答用としておつかい頂けるよう金箔の「琉球　エンブレム」をあしらったパッケージで包みました。とある。

「これどうかしら？」

くっにーは「いいんじゃない」と言い決定した。「ちんすこう」は今まで何度もお土産にした。今迄、少しずつ違う「ちんすこう」があったので、それを選んでお土産にしていた。もう「ちんすこう」では喜んで貰えないと思い、諦めていたところだった。これなら、新しい「ちんすこう」として喜んでもらえるかもと嬉しくなった。

翌日、照屋政雄先生宅での三線稽古のあと黄金金楚羊の店に行くことにした。ユクルポンに載っている地図は簡単すぎて分からない。カーナビでも周辺しか出てこない。やっとプラザハウスに着いた。この中にあるらしい。暑い日だった。こんな時は、人に聞いたほうが早い。

「黄金金楚羊の店はどこですか」

「一階の奥です」

探すけどそれらしい店がない。又、人に聞く。

「二階だと思います」

探すけどそれらしい店がない。又、人に聞く。

「一階ですよ」。

一階にはなかったよ！

ユクルポンにその店の名前は載っていない。

「黄金金楚羊の店はどこですか」と聞くしかない。看板が出ていない。ユクルポンの一ページまるまる使って宣伝しているから間違いない店だと思うけど、だんだんこの黄金金楚羊を選んだのは、間違いだったのかなと思えて来た。くっにーがイライラしてきた。私はサンダルがくいこんできて、足が悲鳴をあげてきた。くっにーがその店に電話をし始めた。

「お宅のお店はどこですか」

「近くに居るけど分からないです！」

「えっ、洋服屋に入るのですか？」

洋服屋に入るんだって。でも看板はない。とにかく洋服屋に入ろう。どんどん奥に入って行ったら、やっと、まっ白い雰囲気の黄金金楚羊の店があった。こんなにややこしい場所だったら諦める人が多いだろう。しつこく頑張る人だけが食べられるのかも。ゲームみたいだ。試食に丸ごとを置いてある。沢山置いてある。試食をしたら軽くてしつこくない。とても上品な味がする。

福岡に帰り友達と一緒に黄金金楚羊を開けて食べた。ユクルポンに書いてあった説明書のたぐいは、何も入ってなかった。美味しいのだからこれでいいのかな。

(飛行機の雨漏り？)

いよいよ、八重山諸島の鳩間島に行く。那覇空港から石垣島に行き、そこから鳩間島行きの船にのる。一度行ってみたい島に向かうので私達は浮かれていたと思う。那覇空港で空弁を買った。くっにーは（大東寿司）、私は海苔で包んだおむすび二個。私がトイレに行っている間、くっにーは、お酒を買って飲んだみたいだ。旅だから大目にみよう。しかし、これがネジの取れた人間になっていた。どういう訳か私までネジが外れていた。くっにーが手荷物を上の荷物入れにあげたのを見ていたような、見ていないような。

満席の飛行機は離陸した。

かなりの高度に行ったけど座席ベルトはずしのサインがまだない。くっにーが空弁を食べようと言いだした。もう少し待とうよ、と止めた。座席ベルトの解除が出ると、くっにーは美味しそうにパクパクと食べた。私もおむすびを一個食べ、もう一個をと思ったその時、私達の前の席の人達がザワザワし出した。

「何？」

と思った時、飛行機の天井からポトポトと私達の前の席の人の頭と、私達の上にも雨漏りしてきた。おむすびを持ったまま、本能的に匂いを嗅いだ。

あまもりではなく、あわもりだ！

くっにーが手荷物に昨日飲み残していた紙パックの泡盛を入れていたのだ。飲みかけのパックは上の荷物入れに乗せるべきではない。きまりです！。足元に置くべき！

何故、止めなかったのか。私に、緊張感のなさを悔いている。アテンダントが荷物入れの泡盛を拭いてくれた。前の席の人は、腹が立ったでしょうに、すみませんで済んだので、ほっとした。

その後、落ちてこなかったので、良かったと思っていた。

しかし、石垣空港に着陸した後、アテンダントの方が前の席の人に、

「何も無かったですか」と聞いていた。「着陸の時、少し・・・」と言っていた。

見上げると、水滴のように泡盛が上の荷物入れの所に、いくつか付いていた。

くっにーが言うには、あの時、前の席の人に丁寧に謝ったら、「雨ではなく、泡盛が頭に降ってきたのでエンギが良い」と笑って許してくれたので、度量の大きい人で良かったと言ったけど、私

はその前の席の人との会話は、何も覚えていない。私は、パニくっていた。でも残っていたおむすびは食べてしまっていた。

鳩間島には、船が出港するかどうかは、その日の風の都合で、その日にしか分からない。今回は行けた。行く気満々だった昨年の三月は、風が強くて欠航だった。沖縄の離島への船便は台風が来ない時でも風が強い日は欠航する事が多い。

石垣港から西表島の上原港に寄ってから鳩間島に向かう。上原港から鳩間島に向かう途中、船の左手側に真白い小さな島が見えた。**「バラス島」**という名前がついていて、サンゴのカケラが波に吹き寄せられて出来た島だそうだ。真っ白の綺麗な島だった。バラス島は波や風が強く吹くと、島の形や位置が変わるそうだ。島の上に数人の人影が見えた。スキューバダイビングの人の休憩地になっているそうだ。

鳩間島はくっにーも初めての島である。周囲四㎞の島だ。五時間の滞在が出来る。

「どのくらいで一周出来ますか」の質問に一時間もあれば・・・・と聞いていたので、少し退屈するかもと思った。鳩間島も素敵な海の色に囲まれていた。何色と言っていいのだろう。こんなに素敵な海を見ると、他のどんな海も叶わないと思ってしまう。

船を下りて桟橋を歩いていると、私達が乗って来た船で帰る人達を見送る人達が駆けつけていた。すぐ横を通って駆けて行った人に、「あれ！あいつじゃないかな？」くっにーが指差す。黒いTシャツの背中に〔うんどうや〕と見える。やはり福岡の三線サークルで会った塚原くんだった。福岡であまり会わなかった彼と、遠い島で会えるなんて可笑しくなった。

「暑い」

を連発する私。塚原くんは言った。「ゆみさんちのマンゴーフラッペを食べましょう」マンゴーフラッペと露天風呂で、**「ゆみさんち」**と言う宿を取ったという。

「マンゴーフラッペは、ゆみさんち，に限る」というくらい美味しかった。マンゴーフラッペを味わっている時、都会育ちの様な上品な若い女性がやってきた。西表島から船に乗ったそうだ。東京から来たレナちゃんという。鳩間島に行くなら「ゆみさんち」のマンゴーフラッペを食べなさいと言われて来たという。私達は、塚原くんに会っていなかったらマンゴーフラッペを食べていなかったと思う。

「鳩間節」の一節に出て来る**鳩間中森**《はとまなかむい》を訪ねた。

唄のようにクバの群生地だった。島の最高地点にあり、三十三メートル。どうしても来たかった場所だったので感動した。これで鳩間節の雰囲気を想って唄える。

「ゆみさんち」に戻って食事をする事にした。私は石垣島を出港する時、ターミナルで、真黒いばくだんというおむすびを二個買って昼食の用意をしていた。ゆみさんちは混雑していた。注文をした人ばかりで、食べている人が少ない。くっにーは（船長さんのカレー）を頼んでいた。

待っている人ばかりなのに、次々に人がやってきている。くっにーは（船長さんのカレー）、私はばくだんおにぎりを、じっと見ている人と目が合った。ばくだんを食べ始めた。何か視線を感じる。私のばくだんおにぎりは、又、視線を集めた。待っている人が気の毒になった。

塚原くんは**屋良浜**でシュノーケリングをするという。くっにーも、急に海に入りたくなったようだ。水着がないのに・・・くっにーは柄物のステテコをはいていた。これだったらいいですよねと同意を求めている。足ヒレや、シュノーケルの用具を借り、出かけた。ステテコ姿に足は革靴だ。屋良浜に着くと、くっにーは少年のように泳ぎ始めた。海は大人を子供にする。

一時間ぐらいやりましょうと言うくっにーに「一時間もですか？」と塚原くんが言っていた。屋良浜で会いましょうと言っていたレナちゃんがやって来た。

二人で、ぼんやりと海を味わっていた。三十分位で、くっにーが海から上がって来た。「ふぅー、疲れた」と言っている。一時間もやるといっていたのに。塚原くんが、くっにーは足ヒレだけを動かせばいいのに、手も動かしていたので疲れたのだと言った。

塚原くんが海に入って行くときに、海に背を向けて入っていった。海に入るのに何で反対方向を向いて行くのだろう、少し遊んでいるのかなと思った。又、海から上がって来る時に、海のほうを向いて浜へ来ている。何だか変！「塚原くんは変！」そう思っていたら気がついた。足ヒレがあるとその方が歩きやすいのだ。福岡での塚原くんは、どこか不器用な感じがしていたが見直した。

「ゆみさんち」に戻るとくっにーと塚原君は生ビール。レナちゃんと私は又、マンゴーフラッペを食べたのだった。「ゆみさんち」の客席はテラス風になっていて、島の景色も見え、涼やかな海風が通り抜けて行く。

くっにーがお店の人に、三線はありませんかと聞いている。店の息子さんが持っていた。くっにーが三線を弾き**「デンサー節」**を唄いはじめた。レナちゃんはガジュマルの木の下のハンモックで聴いている。ハンモックに揺られ、うっとりとしている。


島唄と島風と、ゆったりとした島時間が心地よい。


鳩間島音楽祭というのが毎年開催されているという。一度見てみたい。その時は、レナちゃんも誘ってみようかな。

塚原君のこの後の日程を聞いたら、鳩間島にもう一泊して、そのあと黒島に行くという。福岡にある沖縄料理の店「がちまやぁ」に沖縄や沖縄の離島の写真が飾られていた。「撮影者、塚原」と書いてある。海中の写真もある。なかなかいいアングルだ。福岡住いの塚原君とは福岡で、なかなか出会わない。今頃どこの海に潜っているのだろう。

二度目の黒島

鳩間島の次の日。お天気良好。**波照間島**へは、鳩間島の後、行けたら行こうと予定を組んでいた。なのに、今日の、波照間島行きは朝の一便だけ出港で、後は強風の為、欠航となっている。季節により島への連絡が途絶える。予定が組めない。この調子だとあぶない。行けたら行きたいが、いつ帰れるか分からない。

諦めた。

二度目だけど黒島に予定を変えた。お天気は良好。何度も行きたくなる島だ。初めて黒島に行こうと思った時は「黒島」という名前からしてあまり美しい島だと思ってなかった。しかし、黒島港に着くまでカメラではこのとおりの色は出せないだろうと思える珊瑚礁の海を船は長い時間をかけて進んだ。

素晴らしい。言葉に表せない。「どうしてこんなに美しいの」

このままずうっと船に揺られ漂っていたいくらいだった。

パンフレットを見ると、

「黒島は、国内最大級のサンゴ礁域である石西礁湖に浮かぶ、周囲十二キロ、最高標高13ｍというサンゴ礁が隆起して出来た平坦な島です。雨水が地下浸透しやすく河川がないことから、黒島には原生林やマングローブ林がありません。水資源に乏しく、さらに表土も薄いことから、農業中心の暮らしだった島の先人たちは苦しい生活を強いられました。現在は、西表島からの海底送水が実現し、肉用牛の畜産が基幹産業となっています。石西礁湖を含む八重山諸島海域は、四百種に及ぶ造礁サンゴ類と多種多様なサンゴ礁生物群に恵まれており、美しい**仲本海岸**でシュノーケリングすることなどによりその自然からの恩恵を実感できます」

と書いてあった。どおりで海の美しさが違っていた。

これを友人に見せたい。お天気と合致しないといけないのがちょっと困る。でも確立は高い。私達は二回とも見られたから。

初めて黒島に来た時の想い出をCDにした時の歌詞に、黒島のレンタサイクルにベルが無いと書いていたので、もしも間違っていたら**「まっちゃんおばぁ」**の名誉（?）にかかわるので、あれからずっと気になっていた。今日はそれも確認したい。すぐに、「まっちゃんおばぁ」のレンタサイクル店に行き、「これもだめだ」、「これも鳴らない」と、壊れたベルを触り、心では嬉しくなり調べていた。

「信号が無いからベルは無くても大丈夫だよ！」早目に借りていたおじさんが声をかけてきた。

笑いながら「はあい」と答えた。

レンタサイクルの件は、これで良し。

黒島にはレンタカーは無い。周囲十二㎞だからレンタカーの必要は無いのだ。

私が借りたレンタサイクルは、後ろに子供を乗せる補助が付いている。

重くて、格好が悪い。

つまり、スマートでない。全体がサビの色である。くっにーのレンタサイクルも、もちろんサビの色だ。でも、これが島に似合っている。ぴかぴかのレンタサイクルは島には似合わない。

真っすぐな一本道、広い道をこいで行く。道の両側には白サンゴの石垣があり夏草が揺れている。自転車に久しぶりに乗ったので始めはハンドルがうまく取れないでふらふらしたが、誰も歩いていなので困らない。慣れてきたら、ちょっとした下り坂で足を上げて、

「ヤッホー」「ヤッホー」

二人でふざけた。

人をだれも見ない。遠くに農作業の小型トラックが走るのを一台見た。放牧された黒牛がのんびり草を食べている。柵に近寄ると子牛が近づいてくる。

風の音が聞こえる。風の歌が聞こえる。

史跡・番所跡には、

「八重山群島が薩摩藩の支配下におかれていた時代に、八重山群島の総元締である蔵元(行政庁)の末端機関として、当時の黒島を統治するために置かれた村番所跡(役所跡)です。当時の番所には、首里王府派遣の役人(与人・目差等)が常駐し、村からも一年交代で協力人が選出され、人頭税の徴収や島に出入する船舶の荷役の管理・統制等を行いました」

と説明書きがあった。

フズマリ(タカムイ)の史跡には、

「旧藩時代海上の監視や船の通報のため烽火を揚げた所。**黒島口説**の「メーヌタカムイ」はここである」と説明してある。

「メーヌタカムイ」が何の事なのか気になり黒島口説の歌詞を見たら、前《めぇ》の《ぬ》高岡《たかむい》・・・と唄われていた。三線で弾く沖縄民謡の歌詞に沖縄本島や離島の地名が出て来る。ここの事だったのかと嬉しくなる。三線での唄い方はウチナーグチ（沖縄方言）で唄うので、やわらかい方言が人間関係まで優しくするような気がする。


仲本海岸ではシュノーケリングをしている人が楽しそうだ。打ち寄せる夏の波。遠くまで続くリーフ。ここも別世界だ。じっとリーフを眺めていた。島の真ん中に黒島小・中学校があった。その直ぐ横に、**「ハブよりこわい子どものとびだし」**のポスター。笑ってしまった。・・・どちらも怖いが、やっぱり子供の飛び出しが怖い。

二度目の黒島は、見る視点が違ってくる。「この角度は被写体にいいね」「あの番組は、ここから撮っていたね」など。黒島の風を感じながら二人で走っていると、同じように自転車の女の子がぬいて行く。

「どこから？」

「北海道から」

会話が面白い。

「他にはどんな島に行ったの？」

「今朝、一便の波照間島行きで向かったけど、一時間経った頃、引き返すことになったんです。目の前に波照間島が見えていたのに・・・」そう言って、自転車をこぎ走り去った。あの子はきっと又、波照間島に行くだろう。私も、気になる島だ。鳩間島へは三月頃はダメ。七月は行けた。

波照間島へは七月頃はダメ。とアイランドガイド沖縄の本に記入した。西表島の北側と南側は、季節により風の向きが違うのだろうと思った。

久米島《くめ》（久美島）・奥武島《おう》・オーハ島

十月三日に孫が誕生した。それで私は埼玉に一ケ月程滞在していた。その疲れを取る事で久米島に出かけた。無事の誕生で心は晴れ晴れだ。もちろん宝島を見ながらの沖縄入りを期待する。

晩秋の福岡は、曇り空。鹿児島を過ぎる頃から、はっきりと海が見えだした。期待は高まる。くっにーは、見えだしたら教えてくれと言い、眠り始めた。しかし、だんだん薄雲が出て来た。もう見える頃と思う時間には、ぶ厚い雲が出ている。宝島は見えなかった。

沖縄に着くとレンタカーを借りる。いつもの景色に何か違うものが映る。機動隊の車両が二台。

「事件？」

「何が起きたの？」

沖縄では今迄見た事のないものがあるから、私達は、考えた。レンタカーを借りる所の直ぐ傍に自衛隊の基地がある。フェンスの垂れ幕に四十周年なんとかと書いてある。「ふうん」と思っていたら、「天皇陛下が来られる」と誰かが言っていた。こんな行事にも来られるのだろうかと思った。

違うかもしれない。

二日後レンタカーを返す日、自衛隊の基地の所に、なにわナンバーの機動隊の車両が三台止めてあった。こんなに大きな車両をどうやって沖縄まで運ぶのだろうと気になって仕方がない。


いよいよ久米島行きだ。

翼の上から見る久米島も、珊瑚礁に囲まれていた。久米島から、まっ白な浜が延びている。あれが**「はての浜」**らしい。びっくりするくらい白い。

久米島空港に着き、レンタカーを借り宿泊のホテルに着くと、なんとここにも機動隊のあの大きな車両が二台。しかも、五，六人の隊員がウエットスーツを大きなポリバケツで洗い車体にハンガーでつるし水切りをしている。

「何で機動隊が久米島に？」

「？・・・・」

「尖閣諸島の為かな？」

と思っていたら、久米島にも天皇陛下が来られるからという。

「何をしに来られるの？」

「何を見に来られるの？」

「どこに泊まられるの？」

地元の人に聞いたら、五日後に来られるという。泊まらないで四時間滞在されるらしい。ホテルの近くの居酒屋を探していたら、広場に、機動隊の、あの大きな車両が、何と二〇台ぐらい並んで停めてある。びっくりするくらい上手に並んでとめてある。なにわナンバー、山口ナンバー等。

「こんなに沢山、どうやって運んできたのだろう」「こんなに沢山必要なんだ」

ガイドブックを見ながら、

「どこを見られるのだろう」二人で考えたが分からない。

我々の見学コースは、着いたその日から、「明日は天気が悪くなりそうだから今日中に沢山みるよ」と、くっにーの計画だ。久米島をまんべんなく見る計画だ。

シンリ浜、アーラ浜、鳥の口、アーラ岳（二百八十七メートル）、バーデハウス久米島、畳石、真謝のチュラ福木、登武那覇城跡、久米島紬ユイマール館、比屋定バンタを見る。海洋深層水ふれあい館の矢印を見て「ここは見なくていいね」「うん」即決である。

後で知ったが、天皇陛下と美智子様は**海洋深層水ふれあい館、沖縄海洋深層水研究所**を見に来られるという。

いい水は美味しい。間違いない。

幼い時、我が家の山へワラビ取りに親に付いて行った時、岩の間からちょろちょろと水が流れ出てきている所に着くと、その水を、ツワブキの葉をロートのようにして受けて飲んだ。冷たくて、疲れた身体に心地よい。これより美味しい水にはまだ出会っていない。

ガイドブックをもう少し読んでおけばよかったと思う事がある。**「畳石」**だ。久米島と橋でつながっている**奥武島**に渡り**「バーデハウス久米島」**を見学した後、遠くに「はての浜」に続く白い景色があるので、それを撮ろうとすると、手前の黒い物が邪魔でしかたがない。後で知ったが、何と、それが「畳石」だった。柱状節理を真上から見る、六角形だそうだ。目の前には無人島の

オーハ島も見える。引き潮の時は歩いて渡れるそうだ。

つぎの日は、やはり雨。

熱帯魚の家、タチジャミ、ミーフガー、お化け坂、五枝の松、上江洲家をみる。

上江洲家《うえずけ》の赤瓦の家は、今迄見た中で圧巻だった。赤瓦の構えが大きい。琉球王朝時代の士族の家で、一七五〇年頃建てられ、石垣とフクギの老木に囲まれ、当時の面影を色濃く残している。

ここで、日々の暮らしをしたのだろう。笑い合ったり、悲しんだり。

ここに居た人達はもういない。

私達が福岡に戻り、三日後、八重山方面の天気は晴れ。

天皇陛下と美智子様は、飛行機から、白い「はての浜」を見られたと思う。笑顔が想像できる。

友人にも見せたいなぁ。

阿嘉島《あか》・慶留間島《げるま》・外地島《ふかじ》

二月半ば、三線仲間の典太さんが**「沖縄マラソン」**に出場するという。典太さんはマラソンが好きだ。四十才過ぎて走り始めたそうだが今迄何回もフルマラソンに出場している。年に一度は阿蘇での百キロマラソンに出場し完走もしている。毎朝五時起きして二十~三十㎞を走った後、仕事に行くそうだ。

飼い犬ボーダーコリーの「りんた」は幼い頃、典太さんが走りに行く時は必ず喜んで付いて来て走っていたそうだが最近では、「さぁ、行くよ」と典太さんが声をかけても目をそらすそうだ。

典太さんとくっにーは永年の友人である。くっにーが四十一才の時にカヌー（カヤック）を始め、典太さんは、くっにーより年下だけど、カヌーの先輩でいろいろとカヌーの技術を教えて貰ったそうだ。それ以来、毎週末はカヌー仲間と球磨川の急流をカヌーで下って川原でキャンプをしていた。時にはシーカヤックにキャンプ道具を積み込んで佐世保市の九十九島の無人島に渡りシーカヤック仲間とキャンプを楽しんだりしていた。

又、四国の四万十川や島根県の高津川、山口県の錦川でもカヌーの川下りと川原でのキャンプを楽しんでいた。五十才過ぎて段々カヌーが体力的に難しくなると、くっにーは三線を始めた。そのうち典太さんも三線を始め、カヌー仲間から三線仲間にもなったのだ。

その典太さんのマラソンの応援の為一日早く沖縄に来ていた。同じ三線仲間のチエちゃんも一日早く来ていた。

「今日、私達は阿嘉島・慶留間島に行くのだけど、チエちゃんはどうする」「行きたーい」即決である。チエちゃんは沖縄つうである。阿嘉島に着いた途端、港の広場に立っているイヌの銅像に近寄り、「シロだ」となでている。この島のシロと座間味島のマリリンという犬のロマンスだそうだ。この話があっていた頃の私は沖縄を遠い所の事と思っていた。

レンタサイクルを借り、まず、阿嘉島・慶留間島・外地島と橋でつながっているので目指した。

自然豊かな島はダイビングポイントとして人気だそうだ。あいにく曇り空で風が強い。阿嘉大橋を通る時は飛ばされそうになりレンタサイクルは足をついて耐えた。この曇り空でも橋から見える海は薄いグラデーションを見せてくれていた。

遠くに**サバクル奇岩**というものも見える。慶留間島に着くと絶壁の直ぐ下を道が通っている。怖いくらいだ。高く切り立っている。

慶良間ジカが生息しているという。慶留間橋から先が外地島だ。

そこに慶良間（ケラマ）空港がある。ケラマ空港がある外地島の入口まで来た。

阿嘉島までは那覇泊港から阿嘉港まで高速船で約五十分、フェリーで約一時間、飛行機の場合、那覇空港からケラマ空港まで約二十分かかる。唯現在は、運行中止の為、飛行機は飛んでいない。

慶留間島にある「**高良家**《たからけ》」に行った。国の重要文化財で琉球王朝時代に中国との海上貿易の中継地として栄え、高良家は往時の繁栄ぶりを今に伝えるという。

沖縄戦の砲弾を受けながらも今日までその姿を残している。久米島でも赤瓦の上江洲家が国の重要文化財に指定されていた。旧家の屋敷というのは良い材料で建ててあるので今迄残るのだろうと思った。

今迄見た国の重要文化財の赤瓦の家はどこも静かで、どちらかと言えば暗い雰囲気だ。
そして、何かが足りないと思っていたら、
沖縄の赤瓦の家は三線が聞こえ、笑い声が聞こえ、人の数が多いほど似合う。

そう思った。

戦いは絶対似合わない。


次ぎの日、沖縄マラソンは春風の中で応援。

瑞慶覧《ずけらん》の坂道を上って来る典太さんを石平《いしんだ》の交差点で待っていた。チエちゃん、ハルナちゃん、桐井さんと私達は配られた応援用の小旗を振り振り典太さんが来るのを待った。ラビットのかぶり物をした典太さんはラビットのように駆け抜けていった。典太さんの後には走る人がまだ延々と続いた。へとへとになって走っているおじさんがいたので、

「ゴールはもうすぐですよ！」と応援したら、

「どこ！」

と悲壮な声をあげたので申し訳なかった。ここからはまだあと五キロはあるのだから。

典太さんの沖縄マラソンの結果は４２、１９５㎞を三時間三十七分で走り参加者約一万人の中で四六六位と好成績だった。本人は三時間三十分を切りたかったとちょっぴり悔しがっていた。沖縄マラソンは高低差があるのでキツイと言っている人がいたが、沖縄で車でばかり移動していたので、沖縄の土地はほとんど同じ高さに思えていた。

マラソンを知ってから沖縄の土地の高低差を意識した。

宮古《みやこ》島・来間《くりま》島・池間《いけま》島・大神《おおがみ》島

二月後半、沖縄行きが近づいているのに、何となく風邪気味である。それほどひどい風邪ではなさそうなので、病院には行かなかった。沖縄に着けば温かいので、治るかも知れないと密かに念じていた。

しかし頭がボオーッとしている。集中力がない。薬局で鼻水が止まる薬を買った。咳も出て来た。これは本当の風邪に違いない。いつも風邪の時は、食欲も無くなり、元気も無くなる私だが今は、「歩《あゆむ》のサータアンダギーを食べたい」とずっと思っていた。これは美味しいと聞いたからだ。那覇の牧志公設市場の二階にあるらしい。しかも、すぐに売り切れると聞いていたから、気が気でない。「公設市場には、いつ行くの」くっにーに子供のように何度も聞いていた。

公設市場の二階には、サータアンダギーの店は、一軒だと早合点していた。私の思いこみの仕業だ。サータアンダギーの店が見えて来た。「あるある」嬉しくなった。今迄、公設市場に何度も行ったけど、サータアンダギーには全く気が付かなかった。

風邪気味のボオーッとした頭に、「待てよ!」「お店の名前を見てみよう」と意識が働いた。「歩」と書いてない。「ここではない!」

少し冷静になり見渡すと、少し奥に「歩」と見えた。でも、間口が小さい。本当に此処だろうかとサータアンダギーを見た。袋に油が浮いていない。

「これこれ」と思った。九個入りと、六個入りがある。迷っていたら、店のおばさんが、「サータアンダギーの店は、他にもあるから、選んでからでいいよ」と言った。私達がサータアンダギーの味で迷っていると思われたようだ。くっにーが「凄い自信だね」と後で私に言った。

「歩」のサータアンダギーは、聞いていたとおりに美味しかった。旅から帰ってからも冷蔵庫に入れ、しばらく味わった。おばさんの自信も許せる。又、買いたい。


いよいよ、宮古島。

宮古島の予備知識は、**宮古まもるくん。** テレビで、**ノッチ**が出演し、そして今では無くなった「**村人**」の民宿跡、「**宮古島トライアスロン**」ぐらいだ。他には無かった。だから、以前、「宮古島に行きたい？」と、くっにーが聞いてきても心の中では、あまり興味は湧かなかった。

宮古空港に着くやいなやレンタカーで宮古島と橋でつながっている**来間島**《くりまじま》に行った。来間大橋の長い橋を渡って行く時、沖縄本島北部の**古宇利島**《こうりじま》の景色と凄く似ていた。お天気が最高ではなく、くっにーに言わせると、「本来はこんなのではない」と以前、何回か宮古島に来た事があるので、その時味わった海の色が現れていないと言う。

まだ日が明るいので、**東平安名崎**《ひがしへんなざき》まで車を走らせた。ここに来ても、「こんなんではない」くっにーは、しきりに以前の感動が、私に見せたかったのと少し違うので、テンションが低くなってい

の後半にあるようだ。

たむろしている。ホテルのロビーに、競技用らしい自転車が置いてある。トライアスロンは四月

ホテルに着くと、いかにもトライアスロンの選手みたいな人が、ぴったりしたウェアーを着て

る。

次の日、いよいよ私が期待しているノッチが出演し、そして今では無くなったテレビ番組。テレビ番組が突然なくなったのは、もう二年も前になると思う。その番組は、とても面白かったので頭の中には、その民宿が思い描けるくらいだ。

「村人の民宿跡」の探検だけど場所が分からない。もちろん、地図には載っていない。ホテルの人に聞いて出かけた。大体の方向は分かった。その場所に近づいてきていると思えるが、家も人影もない。

宮古島は平たい土地で、どこまでも広く感じられる。やっと、畑でサトウキビを刈っている人を見つけ聞いた。農場の近くだと教わった。車で、どんどん走った。けれど、農場の看板も無いし、又、人影もない。近くに来ているのが分かる。後は、勘で探すしかない。「あそこあたりだ」と走らせる。勘は当った。

あのテレビと同じ民宿の建物があった。入口には、〔関係者以外の立ち入り禁止〕と立て札がある。テレビで見たブーゲンビリアを並べた玄関までの

あの土の道。

あの玄関。

あの手前の部屋。

あの牛を飼っていた囲い。

あの時のまま。

そこは時が止まっていた。

こんなことってあるんだ。民宿の庭と畑は、誰が手入れをしているのだろう。帰って来ない主を待つ小さい花が咲き、少しばかりの野菜が育っていた。

しばらくたたずみ、今度は、
宮古島の北の方に橋でつながっている**池間島**に向かう。池間大橋を渡って行く。
絶景ポイントを探す。ここでいい写真を撮ろうと私達は構えていた。雲が、所どころあり、チャンスを待つ。海の色は、太陽しだいだ。太陽は、この日に限って五秒くらいで、直ぐに雲に隠れる。この繰り返しだった。
池間島に行く直前に渡った**大神島**では、島の山の頂上迄登ってみた。頂上の展望台からは池間島の全景が良く見えた。帰りの船で出会った東京から来たという人に、池間大橋の手前にある、**「すむばりそば」**は、美味しかったと聞き、直ぐ行った。すむばり食堂は、ぼんやりしていると、とおりすぎる所だった。早速「すむばりそば」を頼んだ。野菜と地元の漁師さんが取ったタコを炒めたものがトッピング。いつも、タコは固いというのがあって固かったら残せばいいや、と思っていた。なのに、美味しい。しかも柔らかい。そばと合っている。タコ入りのメニューが沢山あった。又、食べたい！

宮古島滞在最後の日、晴れ。素晴らしい晴れ。沖縄から帰る頃にお天気が良くなる事は良くある。池間島では、最高の天気ではなかったが、晴れ間があった。そういう時、「私達ツイテいるね」と良く言う。しかも、今日は朝から、絶好の晴れ！「私達ツイテいるね」

与《よ》那《な》覇《は》前浜《まえはま》が美しいと聞いていたので、出かけた。そこは、白い砂浜と、海の青さに圧倒された。サラサラの砂浜が、遠くまで続いている。こんなビーチがあるなんてびっくり。遠浅の青と白のビーチである。くっにーは、写真を撮りまくっている。

長い時間、時を忘れて眺めていた。この気分は、以前、**伊平屋島**から野甫大橋でつながっている**野甫島**で味わった。二人共、黙って海を眺めているだけだった。何も言わず・・・・・

この景色は、みんなのダイヤモンド。
この景色は、みんなの宝石。
無くしたくない。

時間があったので、与那覇前浜の向かいに見える「来間島に、もう一度行ってみよう」ということになった。

　宮古島に来た日に直ぐに行った来間島は、お天気がいまいちだったので、海よりも赤土の畑が気になった。バリ島などの絵に、土を赤く描いてあるのを見て、少しオーバーな描き方だと思っていた。土が赤いなんて変！と思っていた。

　見渡すとここは赤い土の畑ばかり。

その赤い土に、十センチ位の植物が育っている。その畑が広がっ

ていた。さとうきび畑も有るが、それよりも多い。私は、それは葉タバコだと思った。もしかしたら、茄子かも?と思ったが、でも茄子とは少し違う。それに水をやっているおじさんに聞くと、「タバコです」やったぁ。当った。

「どうして分かったの?」と、くっにーは言う。

私が幼い時、近くの畑で育てている農家があった。ツリガネソウに似たピンクの花がさく。花は触るとベタベタとした。その葉タバコの丈は、大人の背よりも高くなった。高い丈、ベタベタする花。葉は、楕円形で、やけに大きい。子供心にも可愛くないと思っていた。そして今、タバコの臭いと煙が嫌いだ。こんな素敵な南の島でタバコが・・・

来間島からみた海は、一昨日と全然違っていた。ビックリした。

「これは、これは」くっにーは又、撮りまくっている。くっにーの撮った写真を現像するのが楽しみである。

福岡に帰る日、レンタカー屋のお兄さんにトライアスロンは、何処でやるのか聞いたら、与那覇前浜から泳ぎ出すと言われた。

びっくりした。

「あの、前浜から!」驚いた!

あそこに居て、出発の笛が鳴ったら、私は泳ぎ出すかも知れない。私だけ

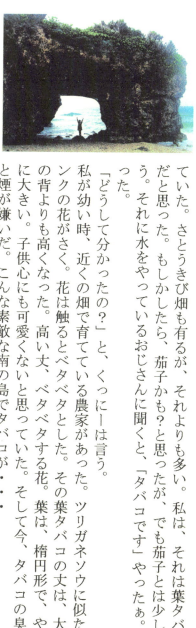

でなく選手でない人も。

青い海が呼んでいる。泳がないでいられないほど、呼んでいる。トライアスロン出場者は、この海、この広い宮古島の大地を満喫できると思う。鉄人レースだけど、満喫できると思う。


このままの宮古島がいい。

今のままの宮古島がいい。

渡嘉敷島《とかしき》

それにしても沖縄行きの飛行機から見えた島が「宝島のようで、いや、少し違うかな」と、はっきりしない旅の始まりだった。沖縄本島の泊港から渡嘉敷島行きの船に乗り込む。乗り込む人達の世話をしていた船関係の人が二、三人いたので、以前、渡嘉敷島の近くの座間味島に行く時、クジラが見られたので私はニコニコして、

「クジラは見られますか」と聞いたら、

「冬しか見えないよ」と全員笑い顔になり言った。海にいる生物はいつも見られると思っていたからびっくりした。そういえば、前回くっにーと座間味島に行ったのは二月半ばだった。

七月になると、新聞記事に沖縄の戦争関係が多くなる。渡嘉敷島は米軍が一番初めに上陸した所とか、集団自決があったなど知っていた。米軍が目指す沖縄本島に行くまでに、近くの隠れ場所

を渡嘉敷島周辺に選んだあたりが子供の缶けり遊びに似ていると思った。渡嘉敷島の近くは隠れるにはちょうどいい島が重なるように存在していた。

今、思い出を書きながら、一瞬、「昼ごはんは何処で食べたっけ」島のあちこちを思い出していた。やっと泊港の「**とまりん**」に行くのなら、ばくだんといつも思っていたので、ばくだんと、お弁当を買い、「とまりん」の、待合所で食べたのを思い出した。大好きな、ばくだんを忘れる程、凄い出来事があったからだ。

くっにーは以前スキューバダイビングをやっていたことがある。「最初に潜ったのが渡嘉敷島だったような・・・」と言う。そんなに解らないものかなと思っていた。ところが、以前、チエちゃんと一緒に行ったのが、この近くの**阿嘉島**だった。なのに、今、船が近づいて行く島の、どれが阿嘉島か、前回に行った座間味島か「どれだっけ」と思う程わからない。この地形は、分かりにくい。くっにーを笑えない。

渡嘉敷島のガイド本には、主なビーチを二カ所書いてあった。このビーチの写真を撮るのがこの旅の目的でもある。

まず**渡嘉志久**《とかしく》**ビーチ**を目指す。

瑠璃色の海がみえた。この色はどうして出来るのだろう。国内でも有数のダイビングポイントと書いてある。しかし、くっにーは、潜ったのは、ここではなかったようだと言う。次の**阿波連**《あはれん》**ビ**

ーチに向かう。ここも、すでに沢山の人達が来ていた。だけど、ごった返しではない。瑠璃色の海の中の白い浜辺に、海を優雅に過ごす人達が時が止まったような中で海と遊んでいる。シュノーケリングをやっている人が多い。透明度が高いのがわかる。海の色が綺麗すぎる。

景色を見ていたくっにーが、「潜ったのは、此処だった！」と言った。

浜辺のホテルの横を通り過ぎた時、「この宿だ！」

丸太組みの二階家で、ここに数日泊まり、スキューバのライセンスを取ったという。その後、沖縄のあちこちの海を潜ったのだ。

くっにーは渡嘉敷島で最初に潜りをやったのだ。とても懐かしそうに宿を見上げていた。浜辺に戻ると、かき氷を買い、くっにーは着替え、泳ぎ始めた。満潮なのか、すぐに深くなっている。くっにーは島ゾウリを履いたまま海に入っていった。脱げたのか、浮かんでいるゾウリを慌てて拾っているのが可笑しい。

浜辺の海水浴の範囲を浜から長いロープで区切ってある。

そのロープに、ずうっとつかまってくっにーは遊んでいる。綱引きみたいにして遊んでいる。楽しそうだ。潜った日々を思い出しているのかな。私は優雅にパラソルの下で、サンデッキに座り、かき氷を味わっている。量が多いので満足している。客は外国の人も多い。その中に、かなり太めの女性がいて泳いだり浜辺を歩いたりと、やたら移動が多いので目についていた。その時浜辺でその女性がロープにつまずいて転びそうになった。

「オウ」と言いながら、女性は「なに、このロープ」と言う様に、足元のロープを睨んだ。その時くっにーを見るとそのロープを海の方から引っ張りながら遊んでいた。

島内を見てまわり、渡嘉敷島を味わって「さあ、そろそろ帰り支度」と言う時、「あれっ、帰りの船便の切符がない、マジで！」くっにーがポケットをひっくり返して慌てている。そして、「家のキーも無い、五万円も無い」「何処で落としたんだ！」と怒っている。くっにーが無くし物をした時は要注意だ。矛先が、こちらに来る。

こんな時に、シンガーソングライターの丸心《がんしん》（まるここ）から、

「くっにー、よっしー残念なお知らせが・・・」

と携帯から聞こえて来る。そして、急にケータイが通じなくなった。慌てて、こちらから電話しても通じない。メールしようと考えた。メールも通じない。当然だろう。渡嘉敷島では、島の外れに行くと電波が届かないのかな。丸心（まるここ）のケータイの内容は、分かった。頼んでいたボーカルの件がダメだったのだ。仕方がない。

こちらは、今、帰りの船便のチケットと、家のカギと五万円がかかっている。

「船着き場で、帰りの切符を落とした訳を言えばいいよ、観光客だから、帰るのは当然だから」と言う私に、「買って下さいと言うだろうよ」と、くっにーは言う。島内で、立ち寄った場所の、目を光らせての再観光が始まった。レンタカーを返す時間が迫っている。五時には店を閉めるという。船は五時半発だ。

狭い登り下りの山道を凄いスピードで戻る。ぐるぐると周りながら先ほどまでいた場所に向かう。初めにレンタカーのキーの不具合を聞いた場所へ行く。冷房の車の外に出ると木陰以外は、ギラ

ギラと暑い。日焼けしない為の念入りのメークもしていたのに、今となっては、ぼろぼろに溶けだしていた。

「ない」くっにーが言う。

家のカギはその辺としても五万円は風に飛ばされているかもと、周辺をじっくり見渡す。

「次！」

「阿波連ビーチだ！」阿波連ビーチは島の外れだ。遠い。

「今、何分だ」「ここ迄八分で来たので、五時までには戻れる」くっにーの計算力はこんな時にスピーディに使われる。

「阿波連ビーチでパラソルを借りる時！」

「その前に、かき氷を買った！」

「ここに、キーが落ちていませんでしたか？」かき氷屋のおじさんに聞く。

「いや・・・」

パラソル貸しのおばぁとおじぃがいた場所に行く。答えは、

「いや・・・」

「いや・・・」

パラソルを立てた場所に、くっにーが行った。黙って戻ってきた。一番あるわけがない場所だ。

「泳ぎに行く時、所持品を預けただろう、落とした音がしなかったか」私に矛先がきた。かき氷を食べながら、確かにボウーとしていた。だが、受け取るビニール袋から、はみ出す物ぐらいは把握できたはずだ。最後にレンタカーを止めた駐車場に行ってみると、何と！

「私達のデジカメが地面に！」　私達が止めていた後の横に落ちていた！落としていた事に気づ

いていなかった。しかも、横には、あの時いなかった車が止めてあった。よくぞ、ここに残っていた。

もう、戻らなくては。船着き場に着いた。「もし、切符がとどけられていたら切符はともかくキーと、お金は無いよね」と車の中で話しあっていた。船着き場で、くっにーが切符が落ちていなかったか聞いた。すると、受付の人に名前を聞かれた。なんと、「二枚落ちていたそうです。」と係員が持ってきた。乗船名簿から私達の切符と分かったそうだ。

切符が二枚だけ届けてあったと聞いて、嬉しい半面、五万円はネコババしたなと不信感が募った。船員さんが届けてくれたと知った。帰りの船に乗り込む時、くっにーは船長さんらしい人に、切符を拾ってくれたお礼と、「実は、一緒に五万円と、家のキーも落としたらしいんですよ」と言った。

帰りの船は、来た時と同じ船らしいので、あわてて同じ席に行き、シートの下あたりを見回した。

「ない」「しょうがない」

そう思った時、斜め前のシートの奥の方に誰かの財布がおいたままにしているのが見えた。さっき、着いたばかりの客の物だ。くっにーは船長さんらしい人に「落し物ですよ」と渡した。自分達も困っているけど、困る人が、又いると思うと、それは届けてあげなくてはと思った。くっにーは、「本当に、本人に届けるだろうか」と疑っている。くっにーが疑心暗鬼になるのは無理もない。切符代は減らずにすんだのが、私には嬉しい。なぜかと言うと五万円はくっにーのへソクリで不測の事態に備えて旅行代の他に用意してくれていたのだ。もし、旅行代だったら私の怒りは、じわじわとくっにーに向かっていたはずだ。

那覇の泊港に着き、宿泊先のホテルに着き、部屋に入るやいなや、「スーツケースを早く開けて」とくっにーが言う。確かに、くっにーのズボンは入れた。お金を落としたと言っている時のズボンは海遊び用の半ズボンなので、長ズボンを出すのは、シワにならない為だと思った。

「ポケットを見て」と言う。「家のカギと五万円が出て来た！」

くっにーは、そういえば、スーツケースにズボンを入れる時、キーと、五万円は、さしあたりいらないから、このまま長ズボンに入れておこうと思ったのを思い出したと言う。力が抜けたというか、あまりにも、沢山の人を疑った。くっにーに「天に向かってごめんなさいと言ったら」と言うと、上を向いて、「ゴメンナサイ」と言っている。

でも、切符を届けてくれた人はキーと五万円はどうしたと誰かに疑われていると思うと、申し訳ない。純粋な島の人達を疑ってしまった。

伊是名島《いぜな》

帰路、宝島が真っ青な海の中に綺麗に見えた。

写真を撮った。

何枚も撮った。

往路と帰路の宝島を比べてみたら、重なった。やはり、行く時見えた島は、宝島だった。

福岡のイチョウが黄色く色付きはじめた十一月。くっにーは少しお疲れ気味での沖縄行きだ。飛行機は後方の席になり、横一列全部空いていた。くっにーは右窓側、私は左窓側に陣取って宝島が見えたらお互いに教え合う事にした。

くっにーがずっと見続けているようなので疲れないかと心配になった。雲が広がっていて無理かなと思う視界だ。時間も経ち、奄美大島が見え始めてきたので、「宝島は見えなかったね」と話していたら、アテンダントの方が「少し見えましたよ」と言う。

そういえば、くっにーの席の前の空いている席からアテンダントの方が窓の外を覗くようにしていたのを覚えていた。アテンダントは、まずそういう姿勢をしないので何をしているのかなと思って私は見ていた。ミセスの様なアテンダントだった。きっと、幸せを見つけたかったのでしょう。

伊是名島は沖縄本島の北にある今帰仁村の運天（うんてん）港から船がでる。以前、伊平屋島に行く時もそこから船に乗った。運天港に行くまでが大変な道のりだ。沖縄市から高速道路を走っていると金武町あたりで桜並木が続いている。「秋なのに桜の花が咲いている」とびっくり。でも良く見ると桜の木ではない。しもぶくれの木だ。これが「**トックリキワタ**」だった。ピンクの濃淡の種類があった。白い花もある。桜の花びらより少し大きいのが特徴だ。

もうすぐ運天港という所まで来た。出港まで余裕がありそうな時間に着きそうなのでゆっくり走っていると、「クワンソウ畑」と看板が立っている。くっにーが見て行こうと言う。私は、

「喰わないのを、なぜ育てているのだろう」と気乗りがしない。その看板にはユリの絵まで描いてある。看板の前で作業をしている人に、「**クワンソウ**はどれですか」と聞くと知らないと言う。単に道路工事の人だった。

「クワンソウ畑」の矢印の方の農道に車を走らせる。少し行くと小さな売店があった。人はいない。くっにーが「あれがクワンソウか」と売ってあるものを指差す。

「あれはアロエ」と私。

「アロエの上の段だよ」とくっにーが言う。「あれはニラ」と私。

売店の裏に何やら動物が四，五匹。白が混じった小さな馬みたい。車を走らせ少し先に行くと農作業のおじさんがいた。「クワンソウは今咲いているよ、橙色の花、ロバがいるそばに沢山咲いているよ」という。おじさんのすぐそばにも咲いているのを教えてくれた。ニラの葉の様な中から茎が伸びユリの様な花が咲いている。おじさんは「夜にも効く」と言う。「またまたその類のものか」と思っていると、そうではなく、「良く眠れる」という。お茶にして飲むという。

この先にクワンソウの工場があると聞き行った。工場に着くまでにクワンソウ畑が続き可愛い花が沢山咲いていた。

小さな工場ではクワンソウの花を摘み取り加工していた。良く寝る私はもっと良く寝たいからお茶を買った。クワンソウの葉を小さく切って乾燥し、煮だして飲むようになっている。

おしべ、めしべを取り除き花びらでジュレも作るという。クワンソウ入り黒

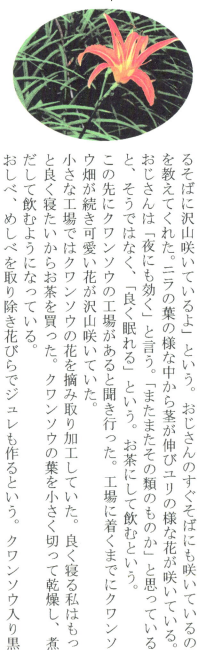

糖、クワンソウ入りちんすこうも売っていた。試食にクワンソウ入りちんすこうを一個貰い食べた。何だか眠くなってきた。くっにーに「あれはニラ」って冷たく言ってゴメン。あれは、クワンソウ（和名アキノワスレグサ）の葉でした。


運天港に着くと驚いた。

観光バスが五，六台ある。〇〇高校様、〇〇女子高校様と書いたバスだ。ここにも体験型修学旅行の高校生だ。あいにく曇り空。海は東京湾ほどではないが、いつもの沖縄の素敵な海とは違う。でも生徒達ははしゃいでいる。

私は高校の修学旅行で関東地方に行った時、あいにくの雨で富士山が見えない事をバスガイドの方が、しきりに残念でしたと言っていたが、見えなくてもあまり残念に思わなかったのを思い出した。仲間と旅行しているという事が楽しかったから。そのうえに景色が良ければ最高になる。

伊是名島の仲田港に近づくと
「修学旅行のみなさんいらっしゃい」

と垂れ幕が下がっている。そして、おじぃ、おばぁ、島のみなさん達が手にA3位の紙を持ち、手を振っている。それぞれの民宿の名前のようだ。それを掲げて楽しそうに待っている。二泊するそうだ。別れる時は又、「おじぃ、おばぁ、行って来ます！」って、涙を流す別れがあるのだろう。体験型修学旅行を受け入れている沖縄離島の元気を見た。

伊是名島でのレンタカーも壊れかけの車かなと思っていたら、同じ型のキレイな新車の軽自動車がズラリと用意されていた。レンタカーを借り、目指すのは伊是名城跡、銘刈家住宅、太陽食堂、尚円王御庭公園だ。帰りの船の時間までに見る所が限られる。

伊是名城跡は、照屋先生も出演した**「三角山のマジルー」**の映画のロケ地になった所だ。照屋先生が福岡でライブの為来られた時、「三角山のマジルー」の主役を探していると言われた。男でもない、女でもない、大人でもない、子供でもないキャラクターを探しているという。くっにーと顔を見合わせた。

「丸心（まるここ）ちゃんだ！」

照屋先生にわが家に来て頂き、丸心ちゃんと顔合わせしてもらった。照屋先生も丸心が気に入り、沖縄へ帰って行かれた。その後、主役のマジルー役はちょっと前に決まってしまっていたという。テレビ**「あまちゃん」**に出ていた**蔵下穂波**ちゃんだ。

くっにーと丸心と三人で映画を見に行った。今でもマジルー役は丸心が、はまり役だったと思う。

照屋先生は船長の役で出演した。その時の映画の台本を見せて貰った事がある。分厚い台本だった。先生は自分のセリフにいろいろ書きこんでいた。

滞在時間に余裕がないのに、**「太陽食堂」**がなかなか見つからない。大きい道から入って集落の中にあるらしい。まず、入る案内がない。入ってでも食べたい。迷路の道路。「店に来てほしくないのかな」と思ったくらい。店の看板はひらひらと揺れている旗だけだった。先客あり。「よくここまで来れましたね」みたいな顔をされていた。も

ちろん島の人だ。伊是名島は唯一お米の生産があるそうだ。規格外の米を製粉し、お米麺にしているという。

（鶏がらと豚骨のスープ米麺）は美味しかった。くっにーは（米麺で作ったスパゲッティーのペペロンチーノ）を食べた。麺はツルツルで味があった。

「尚円王御庭公園」は広かった。伊是名島はハブのいない島と聞いているが、草むらに近づかないようにした。大きな尚円王の銅像が立っている。

くっにーをその前で写真を撮ろうとしたらくっにーは尚円王と同じポーズをした。銅像の台に作像は**名嘉《なか》睦稔《ぼくねん》**とある。睦稔さんとは以前照屋先生が連れて行ってくれた読谷村の「うちなー正月」の行事で一度会った事がある。伊是名島出身と聞いていたがこんな大きな銅像も作るのだと感心した。睦稔さんの版画が好きだ。その色調が好き。**「りんけんバンド」**の唄の歌詞に睦稔さんの作詞がかなりある。その歌詞は沖縄の優しさが沢山読み込んである。伊是名島で育った睦稔さんにしか出来ない作詞かも。

広場のクヮディサーの木の周りに実が沢山落ちている。ウルトラマンの頭の形がいっぱいだ。落ちているのは初めて見た。くっにーが靴でその実を開けようとしている。私もやってみた。ドングリの実が崩れたみたいになった。

ずっと前、「落ちた実を食べましたよ」

と聞いていたのでどんなのか知りたかったのだ。落ちた直ぐではないから、枯れているようだ。

よく見ると、アリが働いている。本土ではとっくにアリの姿は見えないのに驚いた。

空が晴れてきた。高校生のみんなは今なにをしているのだろう。

帰りの船が来ている。小学生の子供達が岸壁でテープを投げている。船では小学生達がテープを受け取っていた。沖縄本島の小学生が遊びに来たのかなと思ってその光景を見ていた。船が出ると岸壁の子ども達がいつまでも船を追って岸壁を走って来る。船には多色のテープが別れを惜しんでいる。映画のシーンのようだ。

運天港に着く頃、小学生の子供達が荷物を持って降りる準備をしていた。荷物入れのスーツケースが新婚旅行に行く時の様な、大きい入れ物だ。この頃の子供はこんなに贅沢な入れ物に入れるのかと少し驚いた。直ぐ前に並んでいた子に、どこから来たのと聞いたら、

「北海道の日高郡からです」という。びっくりした。それなら大きいスーツケースは納得。今は半袖の子がいるが、中には、ジャンパーやセーターを入れているのだろう。

「泳ぐのは出来なかったでしょう?」

「泳ぎました」

と返事が返ってきた。六年生だった。テレビで、沖縄二十二度、福岡十二度、北海道六度と言っている。近くにいた先生が、「二月には伊是名島の子供達が北海道の日高郡に来るのですよ」と言われた。スキーもするという。微笑ましい交流をみた。

十一月十四日沖縄の新聞に「トックリキワタ」の事が載っていた。

「那覇市神原中学校でトックリキワタの花が見ごろを迎えている。枝いっぱいについたピンクの花が国道３３０号を走る車からも見え、人々の目を楽しませている。南米原産。幹がとっくり状でとげがあるのが特徴。種を包む綿は座布団の詰め物として利用される」との記事。ウィキペディアで調べてみた。

「トックリキワタ」はアオイ目パンヤ科に分類される。パンヤ科の「パンヤ」とはぬいぐるみやクッションの詰め物に使う、とある。「トックリキワタ」の実の写真も載っている。今度、本物の実を是非見てみたい。

離島《りとう》フェア

第二十五回離島フェアがあるという。離島めぐりをしている我々にとってかつてないチャンスだ。「沖縄セルラーパーク那覇」に行く。もうすでにごったがえしていた。特産品販売会場案内図を見ると，宮古地区、北部地区、八重山地区、中南部地区、市町村コーナー、の区割りの中に百四十のコーナーがある。

どの店も元気がある。内地でこれだけ元気を出している所が有るだろうか。

特設ステージもあり、明日行く予定の南大東島の出身**「ボロジノ娘」**も出演している。気になっていたグループだ。

「ボロジノ娘」の名の由来を南大東島のコーナーにいた青年に聞くと十八世紀この島を発見した

ロシア艦隊の船の名前「ボロジノ号」から取ったそうだ。今でもロシアの海図には南大東島の所はボロジノと書いてあるそうだ。今日の「ボロジノ娘」のステージは四人の女の子が唄った。三線、ベースギター、三板《さんば》などを使い**「アバヨーイ」**という曲を唄った。一番小さい子が小学六年生だった。小さいけど、他のお姉さん達より目立ついい声だった。これからが楽しみな子だ。

南大東島《みなみだいとう》（うふあがりじま）（ボロジノ島）

今回の離島巡りは南大東島。私には初めての島だが、くっにーは六年前に**南大東島・北大東島**を訪ねている。南大東島は沖縄本島から三百六十キロメートルの場所にある絶海の孤島。飛行機だと那覇空港から一時間だが船だと十三時間かかる。もちろん飛行機の日帰り旅にする。

島では、六時間は滞在出来るとくっにーは予定を組んでいた。なのに那覇空港九時半発が機体遅れで十時半発になった。やっと乗り込んだ。琉球エアーコミューターのプロペラ機だ。空から見える南大東島は緑がいっぱいだ。その中に沢山の池が散らばって見える。北大東島も近くに見える。

レンタカーを借りた。くっにーが説明を受けている間にレンタカーの周りをまわって車のキズ等を点検しておこうとした。車体はキズだらけで、左のヘッドライトはぶっつけて落ちそうになっているのをガムテープで止めてあった。何だか不安になった。

くっにーの計画では、南大東漁港、西港、大東寿司を食べる、「ボロジノ娘」の練習場所、ラム酒工場を見学の順序に挙げている。飛行機から見た時、沖縄で良く見る赤い屋根の家がない。車を走らせてもその赤い屋根独特の作りの家は見当たらない。沖縄の文化圏だけではないのかも。走っても、走ってもサトウキビ畑が続いている。

「日の丸山展望台」から見た南大東島の全景は見渡す限りサトウキビ畑であった。集落は島の中心部に集まっていた。**南大東漁港**の説明をしたパンフレットに、スケールの大きさにびっくりと書いてある。パンフレットをよく見ると、今迄行った沖縄の島には、岸壁の部分と海水浴が出来るビーチがあったのに、南大東島のパンフレットの地図には断崖絶壁ですと分かるように島全体を灰色で囲んである。

つまり、南の暖かい島だけど、断崖絶壁ばかりで海水浴は出来ないと言う事だ。しかも、波が荒く船も近づけないらしい。今でも人も荷物もクレーンが吊り下げるゴンドラに乗って乗下船しているそうだ。今、南大東漁港は船が接岸出来るように、工事が続いていた。

断崖絶壁を掘り崩して港を作るわけだが、この岸壁は太平洋の荒波に耐えている屈強な断崖絶壁だから、簡単には出来ないのが良く分かる。やっぱりスケールの大きさにびっくりした。

くっにーは南大東島に以前に一回来た事がある。この島の何処かでいいアングルがあったという。それも捜している。車を走らせていると、「さっき**海軍棒**という案内がなかった?」くっにーは探しものが近い様な気がしている。「ン・・わからない」「あったっけ・・・」お腹が空いてきていた。思考力停止。頭の中は大東寿司のことだけ。

くっにーは車を戻らせ海軍棒と書いてある矢印に向かった。私は海軍と棒の関係が何となく興味がのらない。

くっにーは見つけた。「この場所だった」と写真を撮りまくっていた。荒波が打ち寄せ、波しぶきが高くあがる。

説明を読むと一八九二(明治二十五年)佐世保海軍鎮守府の命によって軍艦海門号が南大東島を調査した際、測量の為の棒を建てた場所と書いてある。三メートル位の棒が建っていた。そしてそこに、**海軍棒プール**といって四角いプールがあった。海軍がここで泳いだのかと思ったら、後で子供達が海で遊べるように岩を掘って作ったという。満潮のとき、潮が引いていく時は遊泳禁止と書いてある。太平洋の真ん中で泳ぐ気分だそうだ。

南大東小・中学校の前で校門の写真を撮っていたら子供が二人いた。女の子はすべて「ボロジノ娘」だと思っていたから、「あなたもボロジノ娘?」と聞くとそうだという。小学六年生だった。一緒にいたのは四年生の弟だった。お姉ちゃんばかりに質問をしていたので弟は少し淋しげだった。申し訳ない。

「ボロジノ娘」の練習場所を探す。集落の中にあると思ったから、捜すけどなかなか見つからない。聞くと、集落を離れてさとうきび畑を通り過ぎて、どんどん行くとあると言う。こんな離れた所に練習に通うのかと心配になった。「今日は誰もいないと思いますよ」道を教えたおばさんが言った。

「ボロジノ娘」は三線で歌を唄いたい女の子が入っているそうだ。「ボロジノ娘」は昨日をはさんで三日間「第二十五回離島フェア」が那覇であり、そこへ行っているとの事。昨日のライブの時、「私達の練習場所に、こんな大きな石碑が建ちました」メンバーの一人が両手で大きさを表すようにして嬉しそうに話した。「ボロジノ娘」の映画「十五の春」という記念の石碑という。練習場所をやっと見つけた。雨戸が閉めてあり留守だとわかる。

庭の入口に白い大きな石碑があり、**「旅立ちの島唄〜十五の春」ロケ地**と書いてあった。映画は終わって今はどこもやっていなかった。どうしても見てみたい。

南大東島には高校がない。

十五才になると島を離れて沖縄本島の高校に行く。その時の別れを映画にしたという。

「ボロジノ娘」は中学卒業の春、お父さん、お母さんや島の人達の前で、**「アバヨーイ」**（さようなら）という曲を三線を弾きながら唄わなければならない。別れの曲だ。

この曲を歌の最後まで泣かないで唄い切らなければならないそうだ。

母親は娘が唄う前にカンプーを結ってあげ化粧をしてあげながら、生まれて来てから十五の春迄の娘の成長を振り返り、又、これからの島外での生活を案じながら込みあげて来る涙を堪えるそうだ。父親は唯黙って娘が目の前で唄うのを聞いているだけだそうだが娘への「思い」は母親以上にあるのだと思う。その話を島のオバアに聞いただけで私達は二人共、泣きそうになった。くっにーはこらえ切れずに涙を流している。くっにーは実際、中学卒業と同時に親もとを離れ、九州から東京の開成高校に進学したので、自分と重ね合わせて胸に響いたのだと思う。

四ひきのネコが寄って来た。いつも子供達に可愛がられているのだろう。留守で淋しいのか私達にすり寄って来た。


南大東島に着いて直ぐに目についていた**「大東寿司」**の店に行った。看板には小さく冨士食堂と書いてある。大東寿司はくっにーが空弁でよく食べていた。私は初めて食べる。大東寿司と大東ソバのセットを注文する。南大東島の名物をどちらも食べられたので満足だ。マグロが取れる時はマグロの漬け、サワラが取れる時はサワラの漬けを寿司にすると言う。今日はサワラだった。薄く切ったサワラに美味しい味が染みていて何ともいえない美味しさだった。大東ソバは、きしめんをねじっている様な麺だった。ここではお弁当に入れるような卵焼きも入っていた。

「どこから?」「何泊する?」店のおばぁが聞いて来た。

「日帰りなんですよ」と言った。

しばらくして、何か重そうな物が入ったレジ袋を持って来て、お土産だという。中には大きなドラゴンフルーツが四個も入っている。ずしりと重い。さっき食べたセットのデザートにドラゴンフルーツが付いていて甘くとても美味しかったので嬉しい以上に申し訳なく思った。有り難く頂いた。

ラム酒の工場に行く。

くっにーが南大東島に最初に行ったきっかけが面白い。

福岡で朝日新聞に、人と会社の紹介が掲載されていて、そこに美人社長が載っていた。目鼻立ちのいい女性だった。南大東島でラム酒作りを始めたと書いてあった。くっにーは「美人社長に会って来るねー」といそいそと出かけた。結果は、美人社長は出張に行っていて留守だったという。すれ違いだ。

ところが昨日の「第二十五回離島フェア」の南大東島のコーナーに例の美人社長さんがいた。綺麗な人だった。くっにーは喜んで握手して名刺を貰っていた。

ラム酒工場は**「グレイスラム」**といい、南大東島の旧飛行場の小さなターミナルを利用したという。会社の中に飛行場の面影が見られた。壁にプロペラ機の座席表などが貼ってあった。外の看板も南大東空港というペンキが残っていた。滑走路の面影は草が生えていてよくわからなかった。ラム酒のお土産を選んだ。商品名は**「コルコル」**という。工場の人に、この南大東島のサトウキビ全部がラム酒になるのか聞いたら、そうではなく、一部がラム酒で、ほとんどが黒糖とザラメ糖にされると言う。

島の中をあちこち何度も走り、南大東島をあじわった。雨が急に降ったり、痛いくらいの日差しに晴れたりと、島独特の気候に出合った。島のスーパーに行き、お土産を選んだ。羊羹がある。あずき羊羹、えんどう羊羹、黒糖羊羹があり、一応全部買った。お土産にするので入れる紙袋を下さいと言ったら、「八十円です」でもそのくらいはすると思う。南大東島に運んでくるのに紙袋一つでも大変だから。

帰りの那覇空港の売店でお土産に売ってあるドラゴンフルーツを見て驚いた。「一八九〇円」一個の値段だ。しかも、頂いたドラゴンフルーツより少し小さかった。

福岡に戻りドラゴンフルーツを食べた。冨士食堂で食べたデザートと同じ美味しさだった。フラワーアレンジの先生の所におすそわけで持って行った。珍しがってもらって良かった。

大東島の事を少し調べてみたら千九百年に八丈島出身の玉置半右衛門が開拓に着手してから、サトウキビ栽培の島として発展。八丈島と沖縄の文化が入り混じった、独特の風土が根づく島でもある。と書いてあった。どおりで沖縄のあちこちで見る赤い屋根瓦の家が無かった。

南大東島に行って良かった。
沖縄の離島に行くと元気を貰える。
心の中に〞何か本当に大切なモノ〟を貰ったような気がする。

「アバヨーイ」（さようなら）

作詞・作曲　濱里保之

チョンコメーぬ　時から　住みなりてぃ　うしが
立身ぬたみに　島ゆ離り
アバヨーイ　アバヨーイ　島ぬ思影　肝に染み

お父とう　まじゅん畑かい　マガマ　持っち　飼葉刈たる懐かしや
なぁー　覚んじゃち
アバヨーイ　アバヨーイ　島ぬ思影　肝に染み

いかな島育ち　田舎小や　やてぃん　心配やすな　アンマー
見守んてぃ　給り
アバヨーイ　アバヨーイ　島ぬ思影　肝に染み

お父お母ぬ　志情や　いちぐ　いちまで忘ららん
手墨　ゆう習てぃ　孝ん　忘ららん
アバヨーイ　アバヨーイ　島ぬ思影　肝に染み

平安座島《へんざ》・宮城島《みやぎ》・伊計島《いけい》・浜比嘉島《はまひが》

平安座島・宮城島・伊計島・浜比嘉島は二回目だ。前回はこの四島をあっと言う間に通ったので、もう少しじっくり見てみたい。**海中道路**をゆっくり走る。途中に船の形をした「**海の駅・あやはし館**」がある。

前回、ここで不思議な果物に出合った。その時、不思議過ぎると敬遠した果物に会いたかった。「卵の味がする」という。ピンポン玉の大きさだった。色は薄い緑。もちろん食べた時の味だという。「卵味の果物なんて！」ちょっと気持ち悪いと思い、嗅いでみた。卵の臭いがするわけでもない。

あの時、あんなに敬遠したのに、海の駅に入ると一目散に果物があったコーナーに急ぐ。しかし、果物コーナーがない。今は季節でないので果物は扱っていないという。もう十一月の半ばだからだ。確か十月頃だったので又いつか合えるだろう。

その海の駅の入口にミーバイ専門の店があった。水槽にミーバイが泳いでいる。沖縄でミーバイ専門という事は、やはりとても美味しい魚ということだ。ふっくら煮つけて食べたくなった。

宮城島では有名な「**ぬちまーす**」五年前に来ていた。

「ぬちまーす」は常温瞬間空中結晶塩。壁に張り付いている雪の様な塩にびっくりした。前回お土産に沢山買った。工場も詳しく見たので、懐かしく思い出した。

こんな事があった。

ある日、友達が遊びに来るというので、得意な白菜スープを作る事にした。あの「ぬちまーす」を入れて、とびきり美味しいスープにする計画だ。しかし「ぬちまーす」を入れても入れても塩味が効かない。こんなに入れたら大変と思った。

その日来ていたチカちゃんに聞くと、「ぬちまーす」はスープなどには合わないらしいという。慌てて普通の塩を少し入れたら出来上がった。「ぬちまーす」の説明を見てみると、（焼肉、天ぷら、しゃぶしゃぶの、つけ塩としてお使い下さい。素材の旨味を引き出します）と書いてある。炊飯時に「ぬちまーす」小さじ１（３合に対し）を入れて下さい。お米がふっくらとつややかに炊きあがり、冷めてもおいしく頂けます。玄米・雑穀もほんのり甘くなります。とも書いてあった。それからはキューリに「ぬちまーす」を付けたりして味わっている。とても美味しい。

伊計島大橋を渡ると伊計島。伊計島は**「ビッグタイムリゾートホテル伊計島」**がある。キャッチフレーズにだれにも邪魔されないリゾート時間をひとりじめ。とうたっていた。この島でも、満天の星空、荘厳な朝日が見られるそうだ。

小学生だった時、七夕の頃（旧暦八月）夜空を親と良く眺めた。星座も教えて貰った。その間に流れ星も流れた。大きく弧を描く流れ星が多かった。全天が星ばかりの夜だった。

結婚して東京に住むようになってから、星空を見る事もなく過ごしていた。ある夏、実家に帰った時、満天の星を見て鳥肌が立った。星の数に圧倒されたのだ。こんなに沢山の星があったのだ。この伊計島で宿泊すれば、その時見た星空にあえるのかも。私は電球のイルミネーションより夜空の星のイルミネーションが好きだ。夜空いっぱいの星を、電球のイルミネーションしか知らない子供達に見せてあげたい。

浜比嘉島に着くとコーヒーを飲む為に入って行った**「ホテル浜比嘉島《はまひが》リゾート」**の階段がそのままで懐かしかった。あの日、海がパノラマで見えるロビーでコーヒーを飲みながらゆっくり過ごした。ホテルの人が此処から見える満月は最高という。大きい満月が海からゆっくり上がってくるという。途端に、ここでの満月を絶対見たいと思った。近くの**平敷屋《へしきや》エイサー**を見にいつか行く予定なのでこのホテルに泊まり、満月とエイサーが両方見られたらいいなあと思った。よく考えたら、エイサーがある旧暦の七月十五日は、いつでも満月だ。嬉しい！

嘉数《かかず》高台公園

オスプレイの事は気になっていた。今日は福岡への帰りの便までかなり時間がある。「何か見たいものがある？」くっにーが聞いて来た。「オスプレイ」と答えた。

近くを走っている。普天間基地は、このビルの向こう側だけど、くるくる周っても見えそうにない。パソコンで調べてくれれば見える場所が分かったのだけど、そこまではしたくなかった。

交差点にかかった時、「嘉数高台公園」への矢印がある。

とっさに「ここに寄ってくれる」と頼んだ。

以前、「嘉数」の名は戦いが一番激しかった所だと頭の中に残っていたからだ。駐車場を探していると、「こっちですよ」自転車に乗った二人のキジムナーが手招きする。振り向いてちゃんと来ているか誘導している。駐車位置にきちんと入れるまで合図する。キジムナーは先頭に立ち歩きだす。私達に、

「ウートートーして」

「ここで悪いことが起きませんように」

と小さな地蔵を指差した。


「嘉数高台公園」の案内図がある。案内図には壕のあった場所が何カ所も記入してある。その幾つかには×印がしてあり今は埋めてあるようだ。キジムナーは、

「ここで頭が吹っ飛んだ人がいたんだよ」

「すごく惨たらしいよ」

と言った。やはり戦禍が激しかったのが分かる。ここは少し小高い丘になっていて頂上まで階段が続いている。ピョンピョンとキジムナーは先を行く。頂上はラセン階段になっていた。なんとそこから普天間基地が見え、「オスプレイ」がズラリと並んでいる。

キジムナーに「オスプレイ」が飛んでいるのを見たか聞いた。

「夜　飛ぶよ」

「低空で飛ぶから、すごい音を出すよ。風呂に入っている時、こうして耳をふさいだよ」

「二機　一緒に飛ぶよ」

キジムナーは嘉数小の五年生だという。語り部キジムナーだ。低く飛ぶと聞いて、又それが夜と聞いて恐ろしくなった。絶対許せないと思った。

石垣《いしがき》島（南《ぱい》ぬ島《のしま》）

石垣島紹介の本を何気なくめくっていたら、今迄聞いた事のない星の名前が出ていた。

「カノープス」

カノープスの説明に、地上から見える二番目に明るい星。中国では長寿星と呼ばれ、見ると長生きすると言われていると書かれていた。しかも、見えた人の経験談等が書いてある。高度が沖縄で十度、東京で一度の高さに見えるらしい。

今考えると、伊平屋島での満天の星の中にカノープスが見えていたかも知れない。西表島・由布島・小浜島・竹富島の四島周遊コースに出かけた時、石垣島に泊まった。その時カノープスが見えていたかも知れない。鳩間島や黒島に行った時も石垣島に泊まった。その時もカノープスが見えていたかも知れない。宮古島に行った時も、夜にはカノープスが見えていたかも知れない。でも残念ながらその時迄は、私はカノープスの事を知らなかった・・・

カノープスを知ってからは沖縄本島に旅した時、暗く感じられる時間になると気を付けて南の空を見ている。しかし、十度の高度は地上の薄明かりが邪魔して星の一つも見えない。

カノープスの事を調べた。

「りゅうこつ座で最も明るい恒星で、全天二十一の一等星の一つ。太陽を除くとシリウスに次いで全天で二番目に明るい恒星である。

この星を見た人は長寿になると言う伝説も生まれた。これに加えて、高度の低さから赤味がかって見えることなどもあって、中国の伝説では寿老人星、南極老人星とされる。単に南極星、老人星、寿星ともいう。オーストラリアのメルボルンでは年中沈まない周極星になる」と書いてあった。だから、今度こそカノープスを見るぞと石垣島行きを楽しみにしている。

カノープスの事ばかり考えているわけでは無いと思うが、昨日はついにカノープスの夢を見た。無数の星の中にカノープスではないかと思われるひときわ大きい星が光っていた。十度の高さに光っている・・・・・ん
やっぱり夢だった。


今回は**新石垣空港**（平成二十五年三月七日開港）が出来てから初めての石垣島だ。

黒島に行く時も、四島観光（竹富島・西表島・小浜島・由布島）の時も、鳩間島に行く時も石垣港の離島ターミナルから船が出るので、石垣島は何度か来ていた。今回は与那国島行きを計画しているが、宿は石垣島に取るので夜はカノープスを今度こそ見たいと意気込んだ。しかし、八重山地方の天気予報は滞在中すべて曇りと雨のマークばかり。運が良ければと思うが、日本列島は大雪のマークだ。しかも、飛行機から宝島が、「くっにー、宝島みたいだけど・・・」

「そうだねー」

まるで一面を綿で敷きつめたような雲の下に宝島らしい輪郭のほんの一部が見えたような。この運ではカノープスを見る望みは薄いみたいだ。

新石垣空港は宿のある町の中心地までかなり離れていてバスでも四十分位かかるという。バスで宿の近くまで行く事にした。バスは大きな荷物を持った観光客で混雑し、五分位走った頃、バスのアナウンスに

次は**「ばすきなょお」**です。

と聞こえてきた。一瞬笑いそうになった。

「バス来たよー」

と、そのままの名前をバス停に付けたのかなと思った。それにしても不思議なバス停の名前なので、後に地元のおじさんに聞いたら、それは「わすれないで」という意味の石垣島の方言で、そのバス停の所に「ばすきなよお」という老人福祉施設が建っているので付けられたという。おじい、おばぁーのことを忘れないで、という優しいバス停だったのだ。

バスで隣に座ったおじさんが石垣の人だったのでカノープスの事を聞けるチャンスとばかり聞いた。カノープスを知っていなかった。今夜から三泊するホテルは海に面していた。カノープスは海の上にすぐ見えるはずだ。街の明かりも無い。見えたらばっちりだ。でも、空は雲に覆われている。とてもカノープスが見られる空ではない。

朝早く目が覚めたので念の為に南の空を見た。灰色の雲が空を覆っていた。

ホテルの前の船着き場から離島めぐりやダイビングに向かう船が早くも動き出している。初めて

離島巡りの人には残念なお天気だ。私達もいよいよ与那国島を目指す。雨も降りだした。くっにーは「雨の沖縄もいいね」なんて言っているけど晴れている沖縄がいいに決まっている。

与那国島《よなぐに》（どなんちま）

与那国島に二回行った事がある三線仲間のナオミちゃんに与那国島の事を少し聞いていた。

「行ってもなかなか帰れない時があるんですよ」「波照間島にも二回行きたかったのに一回しか行けなかったんですよ」

と言うナオミちゃんの言葉。分かったつもりでいた。飛行機は南大東島に行った時と同じ琉球エアーコミューターのプロペラ機で三十九人乗りだ。観光客が多い。地元の人らしき人はあまりいない。機内で飲み物の配布は無い。ラジオがない。約四十分で着いた。

レンタカーを借り、与那国空港で貰ったパンフレットを広げ計画を立てた。パンフレットには

「日本最西端をゆく

Ｄｒ・コトー診療所ロケ地マップ」と書いてあった。

サツマイモの様な島の形の中央には約二百メートルの高さの山がウインナーの様に連なっている。その一つの与那国岳にドナンダキとルビがふってある。**「どなん」**という泡盛があるが、ここから

名づけたのかな。

くっにーは島を一周するのに右周りと左周りのどちらのコースを選ぶか考えていた。比川地区の**「わかなそば」**が美味しいとレンタカーを借りる時聞いていた。そうすると左周りになった。まず**西崎**《いりざき》を目指す。**久部良港**《くぶら》を通って行く。久部良小・中学校の前を通った。**ようこそ　日本最西端の久部良小・中学校へ**と大きく書いてある。校門の横に詩が書いてあった。最初の三行がとても気にいりカメラで撮った。

こころのねっこ

作詞・作曲　南夢未

いつのまにか　大きくなった
いつのまにか　泣かなくなった
いつのまにか　こけなくなった
いろいろできるようになった
はじめての出合い　はじめての仲間
初めて知った　たくさんのこと
泣いて笑った毎日が心のバネになった
一日一日　大きくなった

一日一日強くなった
一日一日丈夫になった
いっぱいの思い出になった
これからの　出合い
これからの　仲間
これからわかる　たくさんのこと
ここで過ごした毎日が
みんなの心の根っこになれ

西崎《いりざき》灯台の下に、**「日本最西端之地」**の碑が建っていた。あいにく小雨が降ってゆっくり眺められなかった。この地は石垣島から百二十七㎞、台湾まで百十一㎞。台湾のほうが近い。くっにーは二度目の与那国島だが、前回は台湾の山々がうっすらと見えたそうだ。島の人が「台湾の山が見られるのは年に十五回位しかない」と言っていた。くっにーは運が良かったのだろう。やはり今日は見えなかった。

ナオミちゃんはこの地で叫んだそうだ。「ばんざーい」

なんとナオミちゃんは「日本の端っこツアー」を一人でやったという。日本の最東端、最西端、最南端、最北端。それぞれの地で「ばんざーい」

二十代だったナオミちゃんの可愛らしさ、意気込みが少し伝わってくる。

南牧場線をはしる。他の車が全く走っていない。道幅が広い。道路がきちんと舗装されている。

道路の両側には牧草地が広がり、あちこちに牛、馬が放牧され、のびのびと草を食べている。道路の両端には柵も何も無い為、牛や馬が自由に道路に出入りしている。走っていると、綺麗に舗装された広い道路の一面に工事中の現場からトラックが土を道路にこぼしながら走ったのかなと思うぐらい土の様な塊が点々と散らばっていた。

「くっにー、少しゆっくり走ってみて、何なのか調べるから・・・」

「・・・牛のふん・・・」

車の窓からよく見るとそれは牛のふんだった。真黒なキャッチャーミット位の大きさのフンがごろごろある。小さいふんもあるが・・・。牛たちはこの道路をトイレと思っているのかなと思い牧場を見ると、そこにはもっと多くの糞が散らばっていた。しかし匂いはしてこない。海風で乾燥しているのかな。大きな物は踏まないようにくっにーはハンドルを大きく切ってゆっくり走る。街中を除いてほとんどといっていいほどフンがあった。

もしやと思い調べてみた。やっぱり、この道路は与那国島一周マラソンのコースだ。今は足の踏み場が無い状態の道路だからどうやってフンを片付けるのだろう。

更に車で走っていると道路を歩く十頭位の馬の群れに出合った。子馬もいる。全体的に小さめで、**ヨナグニウマ**だ。近づいた馬と目が合ったが人間を恐れている風ではない。私達に向かって「ドライブですか?」みたいな目をされた。

「わかなそば」に行く。

観光客がすでにいた。営業時間十一時三〇分~午後二時迄（二時間半の営業）臨時休業あり。間に合って良かった。初めての与那国のそばだ。細めの麺が福岡のチャンポン麺に似ていた。

雨に濡れた身体が温まった。一人で切り盛りしていた。待たされている人も多い。

いよいよ**「Ｄｒ・コトーの診療所」**

くっにーは前回の与那国島巡りの時、飛行機で親しくなった岡山県からの若い女の子三人とドライブしたそうだ。その時の様子で、この「Ｄｒ・コトーの診療所」に来た時、女の子三人は海岸の堤防を駆けあがり「テレビとおんなじだ！」と歓声をあげたという。診療所前の海、**比川浜**は今も白い浜に波がしずかに打ち寄せていた。

与那国島の景色に**アダン**の木が目立つ。今迄見た中でこんなにアダンが見られるのは初めてだ。アダンがのびのび過ぎる位に育っている。

東崎《あがりざき》を目指す途中に**「海底遺跡」**が有ると言う海岸が地図に標してあるが雨の中なのでパスした。

与那国島に行くと決めた時、すぐに浮かんだのは**「ヨナグニサン」**という蛾のことだった。ヨナグニサンは世界最大級の蛾だから見てみたいと思っていた。「何処かで飛んでいるかなぁ、出合えたらいいなぁ」と思っていた。すると、**「アヤミハビル館」**の標識があった。

アヤミハビルはヨナグニサンのことだった。

私は蝶や蛾は怖くないが、その幼虫は苦手だ。見たり想像したりするだけで食欲も無くなる。

「館」というと、卵から幼虫になって蛾になる過程がありそうだ。くっにーに、「行きたくない」と言った。世界最大級の蛾なら、きっと世界最大級の幼虫に違いない。その標識を通り過ぎた。

しかし、見ないのも悔しい。幼虫だけを見なければいいのだ。車は引き返した。

「アヤミハビル館」は広い芝生の運動場があり、そこにはヤギの親子がいた。生まれて二週間という二匹の子ヤギが、よちよちと走りまわっていた。近づいても怖くないと思ったのか差し出した手を舐めてくれた。

中に入ると館長さんがまずはビデオをどうぞと言った。

「うわぁ、幼虫が出て来る！」

くっにーは言う。「下を見てれば」

耳だけで聞いていると卵から五回脱皮するという。アヤミハビルは羽化して成虫になるとすぐ産卵し、成虫の寿命はメスで五～九日、オスは四～五日。この間、他の蝶のように蜜を採ることもなく、産卵して子孫を残す為だけに成虫になるということだった。与那国島を飛び廻るヨナグニサンを想像していた私。「アヤミハビル館」に来て良かった。アヤミハビルの繭から取った糸は重厚な金色だった。**山繭**といって大人も子供も集めたそうだ。その糸で作ったハンドバッグがあった。でっかい蛾は大人の手袋より大きい。しかもその羽根の模様が面白い。広げた左右の羽根の先端がハブの頭の模様だ。左右にハブが二匹、そこにいるように見える。面白い擬態だ。

ヨナグニサンだけでなく蝶の島とも呼ばれ、さまざまな蝶が生息し、夏になって南東の風が吹き始めると、東南アジアから風にのって迷蝶がくることもある蝶のパラダイスだという。

「東崎展望台」に着いた。

東崎の事を知らなかったが風力発電の為の白い風車が飛行機の窓から緑の中に見えたので、ここが見えていたのかとあらためてびっくりした。晴天だったらもっと素敵だったに違いない。

アダンの他に、畑に見た事のない植物が栽培されているのが気になった。ピーナッツの葉に似ている。でも地面に這わずにセロリの様に立ちあがっている。同じ畑が続いている。サトウキビもアダンも目立つが、この畑も目立つ。育った葉を収穫した跡がある。とても気になったので葉を少し切って、聞いてみる事にした。畑仕事のおじさんが居た。その葉を見せると、「**長命草**だよ」

「お茶になる。自分は刻んでサシミのつまにする」地元ではサクナーとかグンナーと言っているという。加工する会社があると教えてくれた。与那国中学校の横にあるという。行ってみると収穫された長命草が集められていた。ここで乾燥して内地に送るという。説明してくれたおばさんはテンプラにしたり、あえ物にしたりするという。

与那国産の長命草は葉が肉厚で塩害・風害に強く、与那国産長命草として人気があるという。初めて出合った植物の名前が分かりホッとした。資生堂と組んで青汁として売り出しているそうだ。**ナンタ浜**の所に来た。私は沖縄市にある「ナンタ浜」という民謡酒場しか知らなかった。照屋先生が長い間その店で唄っていたという。だからそれはどこにある浜辺かなといつも思っていた。登川誠仁の愛弟子で将来の沖縄民謡界を背負って立つ人材だと言われている**仲宗根《なかそね》 創《はじめ》**くんもそこで民謡歌手として最近迄唄っていたそうだ。

このナンタ浜から見上げる山の高い所にもの凄い岩の崖が見えた。くっにーはそこに行くと言った。小雨だがそんな危ない所には行きたくない。でもくっにーは前回の時は行けなかったので、今回は行くと決めていた。**ティンダハナタ**という所だ。

行ってみると、崖の中腹がえぐれて側面のないトンネルになっている。パンフレットに崖の下を通る遊歩道と書いてある。

遊歩道？

怖い、恐い。

私は入口で待っていた。私は行くのはムリ。くっにーは一人で行った。与那国島には三つの集落（久部良《くぶら》・比川《ひがわ》・祖納《そない》）があるが、この崖の遊歩道の先端の展望台から祖納地区の全景が見えたそうだ。どうやら島を一周したようだ。与那国空港が見えて来た。飛行機の時間までまだ二時間も有る。


くっにーは前回来た時には無かったホテルが目に入ったので、又いつか来る時の為にパンフレットを貰おうと入っていった。外観は島に似つかわない五階建ての綺麗なホテルだった。

空港に着くと、一日に三便ある最後の便である午後六時半発に乗る人達がもう集まっている。

搭乗手続きを終え、売店を覗くと長命草クッキー、長命草ちんすこう、長命草ロールケーキ、長命草のお茶等ある。

長命草に気が付いていたのでお土産にとても興味が湧いた。なんと長命草の青汁もある。発売元は資生堂と書いてある。飲んでみた。美味しい。長生きしそうだ。

時間もあるのでコーヒーを飲む事にした。長命草ロールケーキもあったので頼んだ。薄緑の生地に白いクリームが映えるロールケーキだ。男性も長命草ロールケーキを頼んでパクパク食べている。与那国島は長命草でも有名だったのだ。

与那国島にいる間、風も強く、ずっと雨が降ったり止んだりと少し荒れた天気だったので飛行機の事を少し心配していた。搭乗案内が始まった。外は風が強いようだ。空港で用意してある沢山の傘が横風で開きそうになっている。

「皆様、到着の便が三十分ほど遅れる見込みなので、出発は七時頃になる予定です」

そしてその後、

「皆様、新石垣空港からの出発が遅れて七時二十分位に到着の予定ですので出発は七時半頃になります」

そしてその後、

「皆様、只今着陸を試みましたがムリのようですので上空で旋回をしています」
・・・飛行機は与那国島の上空に来ているんだ・・・
待合室のガラス越しに見えない空の上の飛行機を見つけようとしている人がいる。

そしてその後、

「皆様、飛行機は新石垣空港へ戻る事になりました。欠航いたします。明日の便の空席待ちの手続きを致します」

「よっしー急げ！」くっにーはカウンターに走った。そこにはすでに並んでいる人が。空席待ち四、五番になった。急な欠航で与那国島に泊まる事になった。空港のイスで明日迄待ってもいいと思ったが若い時とは違う。

くっにーが素早くホテルを取ってくれた。ドライブの途中に立ち寄った**「アイランドホテル与那国」**だ。こんなに早く役に立つとは。ホテルは部屋も広くて綺麗だった。くっにーは何時も飲む薬を余分に持って来てない。私は化粧道具を持ってきてないので化粧も落とせない。何故か眠れない時の為の薬を持ってきていたので飲んだ。良く眠れた。
朝、ホテルのエレベーターで出合ったダイビング姿の女の子に潜ったのか聞いたら、こんな天気の時がいいと言った。海の水温が低くなるとハンマーシャークが集まってくるそうだ。昨日は一匹見ましたと言った。

朝早くから空席が有るとは限らないのに空港で空席を待った。ロビーには三十九人乗りの席の数より多い人が来ている。外を見ると丈の低い草も風で凄く揺れ、黒い雲がどんどん流れている。なんと与那国空港は管制塔が無く、目視で離着陸すると初めて聞いた。びっくりした。飛行機に乗るには飛行機が新石垣空港から来なくては乗れない。こんな風の中では来られないだろう。パイロットは二人なので安心はしているけど。もしかしたらもう一泊になるかもと私達は思った。
空席待ちの客の中に、少しのんびりしているような一人旅の青年がいた。観光する場所のあちこちで見かけていた。近くに居たので空席待ち番号は何番ですかと聞いたら、「一番です」。のんびりしていても人間何処に才能があるか分からない。

「空席待ちのお客様、五番までの方お入り下さい」アナウンスが流れた。私達は六番以降の人達の羨ましそうな視線の中で搭乗した。運が良かった。一日に三便しかないのに、一便に乗れた。琉球エアーコミューター機はプロペラ機だ。風の中をかなり揺れたが無事に新石垣空港に着いた。ナオミちゃんの言っていた事が良く分かった。離島は帰れない時がよくあると言う事だ。ホテルのフロントの方も、「飛行機が飛べない日が結構ありますと言っていた。くっにーは一便に乗れなかったら船で帰るのも考えていた。船では石垣港迄四時間かかる。天気が良ければいいが、こんな天気だと当然船も欠航だろう。

以前、那覇市で「離島フェア」があった時、与那国島と波照間島のブースが無かった。何故来てないのだろうと思った自分が恥ずかしい。簡単に行きき出来ない条件があった。無事に帰れたから文句は言えないが、昨晩、普通に帰れたら今日は**新城島**に行く予定だった。くっにーは新城島ガイドの予約を取り消した。今度は天気が良い日に行こうと思う。


予定が変わったので計画を立て直す。以前石垣島で宿をとった時、石垣市で有名な所を見てなかった。**「宮良殿内《みやらどぅんち》」**だ。

パンフレットに国指定重要文化財に至る経緯が書かれていた。

「沖縄本島は〝鉄の暴風〟と形容される米軍の激しい地上戦で、古来の建造物がことごとく破壊されてしまい、八重山地方は空爆や艦砲射撃による被害はあったものの、地上戦が展開されなかったことから、古い民家や屋敷が砲火を免れたという。沖縄本島で地上戦がなければ、首里近辺にこのような建造物や屋敷が多く残されていたはずだという。こうした事情を背景に一九七二年の日本復帰に伴い国重要文化財となったという。

石垣島は一七七一年地震と共に大津波に襲われ、現在の市街地を含めたこの屋敷一帯も壊滅的な被害に遭ったという。津波の犠牲者は当時の八

重山群島の人口の三分の一に相当する。現在残るこの屋敷は津波後に建造されたそうだ。

王府時代の住宅建築には階級による規格があり、首里王都付近の士族のみに認められていた建築材、瓦葺屋根、間取りの大きさは八重山等の地方役人の家屋には厳しく禁止されていた。宮良殿内はそれらの制限を度外視して首里士族層家屋と同様に建てられているため、建造以来、王府から数回にわたって建て替えを命ぜられたが安易に従わなかった。結果的に戦災で消滅してしまった首里士族層の屋敷構えを伝える貴重な建造物として残される事になったことは、歴史の刻む妙を象徴するかのようである」と要約すると書いてあった。現在も十二代目の人が住んでいていろいろな質問に答えてくれた。

雨は上がって来たようだ。宮良殿内から近くのホテルまで歩いて帰る。道端に長命草があった。今迄何度か通った道だが気にもしていなかった。確かに与那国島の畑で見た長命草より葉が薄い。

夕食は居酒屋に行くことにした。

くっにーが島の人らしいお兄さんに地元の人が行くような居酒屋を教えてくれるように頼んでいた。バスセンター近くの**「しま膳」**を紹介された。

メニューに

オオタニワタリ

アダン芯炒め

グルクンチリソース

イラブー汁等がある。

オオタニワタリは石垣島に行ったら是非食べてみようと思っていた。ピーマン、にんじん等とオオタニワタリが炒められて出て来た。オオタニワタリが美味しい。ピーマンよりも柔らかくて、食感もよく美味しい。

テレビの**「ケンミンショウ」**で紹介されたと言ったら、女将さんが今日の内地からのお客さんは三組共オオタニワタリばかり注文するのでおかしいと思ったそうだ。

アダン芯炒めは全然予想がつかない。まず食べられるとは知らなかった。昨日与那国島で見たアダンは今の季節は青い実だった。この実の芯を食べるのかと思ったら違っていた。女将さんは「実はヤシガニが食べるよ」芯とは、細い枝の皮を剥いて食べるという。テンプラにして出された。

まるでタケノコのテンプラだ。美味しい。与那国島には沢山のアダンがあったのを思い出した。アダンと一緒に長命草の葉もテンプラにしてあった。これもまた美味しかった。オオタニワタリ、アダン芯、長命草とこの旅で、初めての物を三つも食べた。何だか元気が出て来た。福岡に戻り三線練習の時、与那国島での長命草の話を皆にしていたら、ハルナちゃんが私はその長命草のドリンクをケース買いして飲んでいましたよと言ったのでびっくりした。まだ25歳なのに!

奥武島《おう》・屋我地島《やがじ》・古宇利島《こうり》

沖縄に通ううちに、「沖縄本島でお勧めの場所はどこ?」と聞くと、誰もが「古宇利島や古宇利大橋」と教えてくれた。

今では私達も、「古宇利大橋と古宇利島に行くといいよ」と友人に勧めている。古宇利島へは那覇から沖縄自動車道を通って行く。高速バス「池武当」のバス停を通り過ぎる時、「よっしー、よく通ったねぇ」と、くっにーが言う。私は、「赤花(あかばな)も咲いているよ」と付け加える。

石川、屋嘉、金武のICが続き沖縄自動車道の終点許田でおり随分走ったと思う頃、名護市の**奥武島**を通り過ぎて、**屋我地島**を通り抜け、そして**古宇利大橋**へと道は続く。

唐津の海、九十九島の海など比較的美しい海を見た事がある私達でも、初めて古宇利大橋から見た風景は、シーンとした中にグラデーションの波がキラキラと輝き私達を無口にした。まさに息を飲むとはこういう事なのかと思う。そこでは時間が止まってしまったようだった。自分達だけでこの海を見ているのが勿体ないような気がし、これは友人に知らせてあげなくてはと思った。その後、CMに古宇利大橋がよく出て来るのに気が付いた。CMは短い。「古宇利大橋をもう少し長く見せて」と思う事しきりである。

古宇利島で貰ったパンフレットを頼りに島内を一周する。島の地名の他に、付近の海の中まで地名が付いていた。珊瑚礁の住所だ。パンフレットで海中の地名をざっと数えて35箇所に名前が付けられていた。その海中の地名で海人は会話し漁場の様子を知るのだろう。海中に住所の様な物が有ると助かるだろうと思った。私は初めてそういう事を知った。海の中の住所は何処にも有るのだろうか。

時間の余裕が出来たので今回又、古宇利島に行く事にした。沖縄本島を移動中、どこを通っても**月桃**、月桃の花盛りである。時折降る梅雨の雨の中で、下向きに咲く花は沢山のベルが集まったようで、しかもツヤツヤと光っていた。

那覇市でレンタカーを借りる時、古宇利島にタワーが出来たというパンフレットをくっにーが手にしていた。神聖な島なのであまり観光客が乗りこんで行ったらいけないと思ったのでタワーなるものに何だか気乗りがしなかった。

古宇利島に行く途中、

「名護市の**屏風（ひんぷん）ガジュマル**を見せたい」とくっにーが言った。

以前近くを通る時、「あれがひんぷんガジュマルだよ」と指差したのを車の中から見ていた。

今回は車を降りその近くまで行った。ひんぷんガジュマルの前で写真を撮った。くっにーが、「よっしーが小さく見える！」と言った。ひんぷんガジュマルは、とにかく大きかった。屏風（ひんぷん）は玄関の所で、その家を守る役目をするという。ひんぷんガジュマルは名護の街をしっかり守っているようだ。

屋我地島には古宇利島を一望出来るセンスの良い欧風の建物の美味しいレストランが有るとガイド本に載っていたので目指したが潰れてしまっていて無かった。

古宇利大橋を渡る。

橋を渡りながら左右の海をゆっくり見た。その眺めはまたまた私達に素晴らしいグラデーションの色を見せてくれた。古宇利島のタワーは「**古宇利オーシャンタワー**」という。２０１３年11月にグランドオープンしていた。

タワーは白い大きなロケットのような、いや巻貝の様な建物だ。見上げる高台に建っている。

タワー下の駐車場からゴルフ場にある様な四人乗りの電動カートに乗ってタワーに向かう。かなり急な登りが続くと古宇利大橋と素敵な海が今迄見たアングルと違う光景で見えて来た。一階はシェルミュージアム。テーブルと壁には貝・貝・貝。一万点以上の世界の貝が展示してあった。どれから見ていいのか分からなくなるくらいの数だ。

「ティラジャーがあるよ！」沢山の中からすぐに見つけられた。ティラジャーの所に**マガキガイ**と書いてある。ティラジャーと言ったほうが美味しそうに思えた。もしくはコマガイの方がいいと思った。見た事のない貝に目がいった。**ピース貝**。白い貝がらがピースをしている。ハマグリ位の大きさで、わざわざピースが付いているという姿だ。可愛くてたまらない。沢山の貝に囲まれ観光客はピース貝に気づかずに行っている人もいる。
タワー最上階に行き眺める景色は、ため息のでるような絶景だった。じっと見つめていたい。
その場所で我々をツーショットで写真に撮ってくれた若い女の子とエレベーターで一緒になった時、「ピース貝を見ました？」と聞いた。

やはり気づいていなかった。

「貝にピースがくっついているのよ」

ピース貝の所に案内すると、「ほんまや！」と大阪弁で感動していた。

ピース貝はアッキガイ科のキイロイガレイシと説明してある。古宇利島でも見つける事が出来るそうで、途端に捜したくなった。ピースでなく貝の本体に菊の花びらの様に伸びているウミギクと言う貝。初めて見たカイロウドウケツの何とも面白い形など、不思議がいっぱいの世界に興味が湧いた。もっとゆっくり見てみたいと思った。


昼食は、タワーにあるレストラン「**オーシャンブルー**」にて、島豚とイタリアンバジルのピッツアを頼んだ。

「切れ目が入っていないようだけど・・・」

と、くっにーが聞くと、運んできたスタッフのロシア人女性は、キレイな日本語で、

「ハートは切れません」と笑った。なんとハート型のピザだったのだ。私達も思わず笑ってしまった。


古宇利島は周囲7・9㎞。タワーからの眺めは、以前、見晴らしの良い所から見た古宇利大橋、古宇利島の海をもっと良く見る事が出来た。タワーの出現をどうかなと思ったけど、今日ここに来てみて、これは誰でも古宇利島に来て良かったと思える風景に出合える事が出来ると思った。

レストラン横の売店にドラゴンフルーツが売ってあった。

ドラゴンフルーツの中身は赤と白があるが、切ってみないと赤か白かが分からなかったので、外

観で分かるのか聞いてみるチャンスだ。良く説明してもらった。

赤・・・全体が丸い。トゲとトゲの間隔が狭い。

白・・・全体が長丸い。トゲの様に見えるのが先端まで緑色。トゲとトゲの間隔が広い。

現在中間のピンクの果肉が出来て来たそうだ。そうすると外見判断が又ややこしくなる。

オーシャンタワーでの昼食後ピース貝を見つけたくなった。

古宇利大橋のたもとのふれあい広場の売店のお姉さんにピース貝は何処で見つけられるか聞いたら「**ハート岩**のある**ティーヌ浜**で見つけられますよ。でも、皆が拾っているので取れないかも」と言われた。

青いグラデーションのティーヌ浜には多数のナイチャーのカップルがハート岩を背景に写真を撮っていた。やはりピース貝は見つけられなかった。

古宇利島には継承されている神行事が沢山有るようだ。
(旧暦)
一月一日　朝御願
二月十五日　二月ウマチー
四月吉日　虫払い
吉日　プーチの御願
吉日　御嶽の御願
五月十五日　五月ウマチー
六月二十三日　カミサガリ

二十四　ユーニーゲー
二十五　サーザーウェー
二十六　サーザーウェー　（ピロシー）
旧盆明けの最初の亥の日　ウンジャミ（海神祭）
ウンジャミの翌日　豊年祭
　八月十日　　　　神拝み
十月吉日　プーチの御願
　吉日　御嶽の御願
十二月二十日　ムユーウイミ

伝統的な祭事が現在に受け継がれている。行事には出合えなかったが、この島での人類発祥の伝説も残っていて神秘的な島として知られている。二〇〇五年に古宇利大橋が開通してから来島者が多いが、素朴な島の様子は変わることなくゆったりと流れているという。

私達が初めて古宇利島に行ったのは二〇〇八年だった。歴史を積みあげて来たこの島の歳月にたいして謙虚さが我々の礼儀だと思った。

宮城島《みやぎ》（大宜味村《おおぎみ》）

気になるけど一度も行ってなかった**沖縄コンベンションセンター**に行った。大きな建物だ。お腹も空いて来ていたので、ここに食事の店があったらいいなぁと思い捜していたらあった。二階に見えている。入口は何処かと捜すがなかなか見つからない。草取り作業のおじさんに聞いて入口がやっとわかった。なにしろ大きい建物だから。

農場カフェ「たいよう市場」

トロピカルビーチが見える場所だ。地産地食をうたっている。沖縄の太陽の恵みを受けたたっぷりの野菜、美味しいハンバーグ。静かな時間が過ごせた。テーブルから見える風景をデジカメで映していたら、デイゴの木が沢山みえる。二月なので葉は何も無い。枝ぶりからデイゴだと分かる。枝が太陽に向かって手を広げているようだ。

「デイゴの赤い花が満開に咲いている大きい木を一度見た事があったけど、あれは何処だったの」

「あれは、宮城島。沖縄本島最北端の**辺戸**《へど》 **岬**《みさき》に行く途中に立ち寄ったのに覚えてないんだから・・・」

くっにーは、がっかりして言った。

「橋の欄干に鉄琴が設けられていた所だよ」

「それは覚えている。それが宮城島だったの・・・」

あの時はデイゴの真っ赤な花をいっぱい撮った。何人かの人が、その見事なデイゴの赤い花を見上げ感嘆の声をあげていた。一つの花がなにしろ大きい。木も大きいから真っ赤な木になっている。遠くから見ても真っ赤な木はあまりないので、ここで見られたのがラッキーだった。なのに場所をはっきり覚えていなかった。デイゴもカンヒザクラと同じで、デイゴの開花と沖縄への旅がなかなか一致しなかった。だから本当に感激した。


少し前のニュースで、「デイゴの木が危ない」と聞いていた。デイゴは病害虫で弱っていると聞いていた。山原（やんばる）の方へドライブした時、山の景色の中に白茶けたデイゴの木を何本も見た時は、デイゴが大変な事になっていると私にも分かった。宮城島で満開のデイゴに出合えたのが嬉しかった。が、そこが本当に島だったのか、今でも不思議に思える。


宮城島のガイドブックを見てみたら、**国道58号線が縦断する塩屋湾入口の島**と書いてある。その説明に、「大宜味村にある宮城島は、宮城橋と塩屋大橋によって本島と結ばれている。ただ、いずれの橋も国道58号線上にあるため、そこが島であることに気づかずに通り過ぎる人も多いはず」と書いてある。私もすっかり気づかなかった人の一人だ。くっにーが「ハブの多い島だよ」と言っていたのを思い出した。

ガイドブックに島の人のみぞ知る隠れ家ビーチとして**宮城ビーチ**の説明が載っている。それには

「島の西側にあるビーチ。以前は集落から農道を通って行けたが現在は道が荒れ、ヘビも多いので、潮が引き気味の時に海岸沿いに行く方がいい」と書いてあった。写真の記録から五月に行っていたのが分かる。もう一度あの満開のデイゴをじっくり見てみたいと思う。

琉神《りゅうじん》マブヤー

沖縄の子供たちに「琉神マブヤー」が流行っている。その様子をテレビで見た時、小さい子供たちもノリにノッて唄っていた。しかし、子供向けのヒーローショーだからと、あまり気にもしていなかった。

三線練習をしていた時、チエちゃんが「**琉神マブヤー**」を弾き唄いはじめた。チエちゃんは楽しそうに弾いている。歌が終わった時、桐井さんが、

「**スーパーメーゴーサー**」そして、「**たっぴらかす**」と言った。琉神マブヤーの中で出て来るセリフだという。桐井さんは、こういうセリフが上手い。沖縄の声で言う。例えば沖縄民謡をみんなで唄っている時、囃子の部分に、

「イーヤ、ハーイーヤ、スイ、スイ、スイ」を上手く入れてくれる。わたしたちの沖縄民謡が、より沖縄っぽくなる。

「スーパーメーゴーサー」は琉神マブヤーの必殺技。メーゴーサーを直訳すると「げんこつ」沖縄では、お仕置きの意味で悪い事をした子供に、「メーゴーサーしようねー」と言ったりすると

いう。「たっぴらかす」は琉神マブヤーが悪の軍団マジムンと戦う時に呟く言葉。「叩きのめす」という意味らしい。

沖縄の言葉に興味があり、いろいろ分かってきていたが、この二つは全く知らなかった。

琉神マブヤーの公式サイトを開いてみた。

琉球に伝わる〈九つのマブイストーン〉が物語のキーらしい。

ウチナーグチのマブイストーン
　（ウチナーグチが使えなくなる）
石敢当のマブイストーン
　（石敢当の神通力がなくなり、事故や災害が多発する）
テーゲーのマブイストーン
　（テーゲーじゃなくなる）
エイサーのマブイストーン
　（エイサーが出来なくなる）
チャーガンジューのマブイストーン
　（不健康になる）
いちゃりばチョーデーのマブイストーン
　（人類みな他人と思うようになる）
トートーメーのマブイストーン
　（うやふぁーふじを大事にしなくなる）

命どぅ宝のマブイストーン
（命を軽く考える）
カチャーシーのマブイストーン
（カチャーシーが出来なくなる）
悪の軍団は、これらマブイストーンを奪おうとしており、琉神マブヤーのヒーローは守るらしい。
・悪の軍団の代表は、
ハブデービル・・・・・悪の軍団の親方、性格は超わがままでドゥカッテイ（自分勝手）、なぜかオニヒトデービルの言うことだけは聞く。ハブのいない島には行かない。

オニヒトデービル・・・悪の軍団マジムンの副首領。幼い頃にハブデービルに拾われて悪の軍団マジムンの仲間になるが、実はヒーローの兄が化けた姿である。


琉神マブヤーを検索していたら、「たぬきち」さんという人が、九つのマブイストーンについて述べていたのがとても面白かったのでここに載せたくなった。


「マブイストーンは沖縄の大事なものの結晶なのだと分かる。

第一のマブイストーンを奪われると（ウチナーグチが使えなくなる）という案配なのだろう。

これは大変だ。こいつを奪われるだけで沖縄の県民全員が標準語をしゃべり始める・・・のだろうか。不気味な光景だ。　第三のテーゲーを奪われると、テーゲーの意味は、よく遅刻してきたり、誤植があっても平気だったりするやつだな。すると、テーゲーじゃなくなるのはそんなに悪くないのでは？　しかしある日突然県民全員が几帳面になったりすると、それはそれで不気味だ。この物語における悪の軍団は物質的なものを奪うのではなく、精神を狙っているのです。怖いですね。悪の軍団が首尾よく沖縄の心を奪いつくしたとすると、ウチナーグチもしゃべらず、テーゲーでもなく、人類みな他人で、命を軽く考える沖縄人が、エイサーもカチャーシーもしなくなる・・・というディストピアが現出するのでしょう。

エイサーとカチャーシーがだめなら宮古島のクイチャーを踊ればいいじゃん、と思ったりしないこともないですが、やっぱりそれだと本島のおばぁとか満足しないいんだろーねー。

ていうか、自分たちの言葉を失い、楽観的に生きることもできず、周りはみな他人で、命を軽く考える・・・って、おい！　私達ナイチャーのことじゃん！　と思いついて戦慄したさー。

琉神マブヤーをいちばん必要としているのは、沖縄の人たちではなく、僕のようなナイチャーじゃないのか。マブヤー、内地に来てここでも猛威をふるっている魔物と戦ってくれないか・・・そう思ったのです」と。

以前、沖縄の新聞の一面に大きい文字で、「**チャースガ　普天間**」と題字が出ていた。チャースガとは「どうしよう」「どうする」という意味らしい。方言を一面に持って来てあったのでとても新鮮だった。沖縄の元気は方言で分かる。沖縄は元気だ。

沖縄の歴史や文化、言葉も知らなかった事が沢山あることに気付いた。少しずつ知りながら、それは沖縄を知ることだけでなく、自分自身の事が分かって来ることにつながる事だと少し気付いた。

瀬長島《せながじま》

五月後半、梅雨の沖縄へ行く。奄美大島付近に梅雨前線があるとテレビが言っている。奄美大島の上空を通過する頃ワゴンサービスしていたアテンダントがワゴンをそそくさと引っ込め、注文を聞いて、コーヒー等を小さいトレイで持って来た。飛行機は梅雨前線の所を通るようだ。緊張した。が思ったよりは揺れなくてホッとした。那覇空港に着陸する直前に小さい瀬長島が見える。晴れた日は機内から、浜辺で遊んでいる人達が見える。

瀬長島には以前に行った事があったが、新しくホテルが出来たと聞いたので行ってみることにした。車でゆっくり一周すると三分位の小さい小さい島だ。

島の中央に**琉球温泉瀬長島ホテル　～龍神の湯～**温泉客がのんびりとたたずんでいた。

瀬長島ホテルのパンフレットには、「かつて瀬長島には、グスクがあり**［瀬長按司］**の居城と言われています。按司とは、琉球王朝時代の王族の称号です。かつての王族の方達も、この景色に癒されていたかと思います。慶良間諸島に沈む夕日と那覇空港の滑走路が一望できる景色を見ながらの温泉でゆっくりとした時間をお過ごし下さい」と書いてある。

新しく出来たホテル以外、瀬長島は昔から今の姿のままの島だとずっと思っていた。ふつう島は特別に開発でもしないかぎりあまり姿は変わらないと思っていた。

瀬長島の事をウィキペディアで調べていたら、驚いた。

「戦前には約四十世帯の集落が形成されていた。一九四六年（昭和21）に米軍に接収され弾薬庫などの施設が置かれ住民は対岸の沖縄本島に移動を余儀なくされた。島頂上部はかつて琉球石灰岩に覆われていたが接収後に大部分が削ぎ取られた。昭和52年に返還されたが、その間に瀬長グスクや子宝岩が破壊され、戦前の面影はない」と。

この小さな島にも戦禍があった。私は何も知らなかった。

奥《おう》武島（南城市）

モズク天プラで美味しい**中本鮮魚てんぷら店**（南城市玉城字奥武9）には何度も行ったのに奥武島に渡る橋の手前にあるとずっと思っていた。

「奥武島に渡って直ぐ中本鮮魚てんぷら店はある」とくっにーに言われて、「そうかな、はっきりしなくては」と出かけた。

奥武橋を渡る。百メートル位だ。渡り終えると「中本鮮魚てんぷら店」が見えた。中本鮮魚てんぷら店は奥武島に渡って直ぐにあると分かった。今迄美味しい天ぷらの事ばかり考えて此処に来ていたから位置関係が希薄だったようだ。すでに店先には五、六人が並んでいる。

奥武島を一周した。奥武漁港、グラスボートもある。広い奥武島運動公園があり、島が思ったより広く思えて来た。中本鮮魚てんぷら店の他にも数軒の天ぷら屋があった。ダイビング教室だろうか十五、六人の人達がダイビングスーツを来て浜辺でレクチャーを受けていた。一周して中本鮮魚てんぷら店の所に来たら、又、客が並んで待っている。ナイチャーと思われる人が多い。並んで順番を待っていたら直ぐ横に中本鮮魚店があり、ガラス戸に「**イマイユ**」と貼紙が見えた。思わず笑ってしまった。

くっにーはモズク、イカ、サカナの天ぷらとハッシュドポテト、私はモズク、アーサーの天ぷら、田イモの天ぷらを買った。

海を見ながら食べるのが好きなので食べていたら何処からかネコが寄って来た。そう言えば、中本鮮魚てんぷら店の前にもネコがいたし、天ぷらを買って一人で海を見ながら堤防に向かっている人にネコがついて行ってるのが見えた。我々の所には、いつのまにか三匹のネコが来ていた。くっにーはサカナ天ぷらを少しずつちぎってネコに食べさせていた。

海辺に小さな碑があったので読んでみると「ハマヒチぬ主」とあり、海からの恵みに感謝し豊漁・航海安全を祈願する拝所であると書いてあった。そのそばには「**奥武島いまいゆ市場**」という大きな建物があり、奥武島体験交流施設と書いてある。外から中を見ると大きな冷蔵庫みたいなのがいくつも見えた。

奥武島の中心部は少し高くなっていた。一番高い所に行くと十三メートルの表示があり避難場所となっていた。ゆっくり歩くネコさん達を見て穏やかな奥武島の空気を味わった。

瀬底島《せぞこ》

瀬底大橋を渡る。「タッチューが見える」このセリフはタッチューが見えると叫ぶ私。渡り終えると瀬底大橋の碑があった。昭和47年から13年間の長い間、橋を架けるのを望み、やっと昭和60年2月に開通し夢の架け橋になったと書いてある。島からは橋が有る無しではどんなに便利になるか。762mの橋が人々の夢を結んだのだった。橋のたもとの**アンチ浜**では浜辺で遊ぶ人、泳いでいる人がいる。五月ではあるけれど。この浜から沖縄海洋博跡のラセン状の塔が見える。左手に伊江島のタッチューが見える。

近くには小さなペンションやギリシャ風の白と紺色の壁のコテージがありお洒落な風景がある。島のあちこちにテッポウユリが咲いている。伊江島のユリ祭りが五月にあるのを思い出した。

「琉球大学瀬底熱帯生物圏研究センター」があった。

瀬底ビーチのすぐ前に、巨大なホテルの廃墟が見える。工事中断のまま巨体を晒している。鉄筋や工事用の足場が錆びて赤くなっていた。こんなに大きな長い建物はあまり見た事がない。出来上がっていたら海辺の巨大な白いクルーズ船に見えていたかもしれないと思った。廃墟を見ると哀しい。

瀬底ビーチでも多くの若者が海水浴を楽しんでいた。キラキラ光る波と、白い砂浜が眩しかった。

（波照間島と新城島に行く為、沖縄本島から石垣島へ移動する）

９時40分発の石垣便に乗る為、那覇空港へ行く。くっにーは逆算してホテルから出発した。雨の朝だった。

沖縄の道路は夕方帰宅時間には凄く混むときいていた。しかしホテルを出た途端、夕方だけでなく朝も通勤時間には混む事を感じはじめた。私達は焦り始めた。私達は空港カウンターに滑り込みセーフで手続きし機内に入った。

新石垣島空港に着いたらタクシーで石垣港離島ターミナルに行き波照間島行きの船に乗る予定だ。波照間島行きは晴天でも風の都合で欠航も有りうるのでダメだったら西表島の船浮まで行く事にしようと計画を立てていた。

波照間島行きの船は一日に四便しかないので、どうしても二便目には乗りたい。なのに、私達が乗った飛行機はタッチアンドゴーだろうか着陸寸前に再び上昇し新石垣空港上空を回り始めた。

「二便に間に合わない！」

風向きが悪くこのようになったとアナウンスされた。安全優先を有り難く思うしかない。やっと無事に着陸したが、今度は預けた手荷物がなかなか出てこない。滑り込みで搭乗したので一番早く手荷物が出て来るかと思ったがなんと最後だった。空港から石垣港離島ターミナルはタクシーでも遠く感じた。どんなに急いでもらってでも遠い。

離島ターミナルの安栄観光のカウンターに行くと、
・**波照間島**へは一・二・三便は出航だが四便は不明。帰りの便が危ういとの事。
・**船浮**に変更しようとしたが船浮からの帰りの便が風で危ういという事。
登山は天侯が危うい時は登らない勇気と言うし私達も不明が少しでもあると離島に行かない選択をしてきた。どちらにも行かない事にした。「これからどうしようか」ターミナルを行きかう人を見ていると、三線ケースを持った女の子がいた。くっにーが声をかけた。「どこからきた？」「どこにいくの？」

八重山民謡をやっているそうだ。「竹富島に行きます〜」

くっにーは私に言った。「竹富島にでも行こうか」

港の桟橋に行くと、そこに沖縄の英雄だと言われているボクシングの伝説の元世界チャンピオンである**具志堅用高**の等身大のブロンズ像が立っていた。最近出来たそうだ。そこにカップルがいてくっにーに「写真を撮ってくれませんか？」とカメラを渡した。くっにーがシャッターを押そうとすると女性が具志堅さんの像に抱きついた。

竹富島に着くと、今迄何回かこの島に来た時は気が付かなかったグラスボートがあった。さっそく乗った。**ニモ（カクレクマノミ）**は見られますかと聞くと見る事が出来るという。

サンゴ礁の上を通る。

案内の船長さんはサンゴ礁が舟底からこんなに近くに見られるのは竹富島だけですよと言われた。

やっとニモの居る所に来た。ニモはふわふわ揺れるイソギンチャクの中から顔を出していた。一緒にのっていたおばちゃん達が、「ニモちゃ～ん」と叫んだ。わたしも勿論だ。ニモはそのサンゴの中に住む数によりオスになったりメスになったりすると言われた事が気になった。

グラスボートでニモは一ケ所にしか見られなかったので下船する時、「ニモは少なくなってきているのですか」と聞くと、「普通にいますよ。この港の中にもいますよ」と言われた。海の中をじっと見たけど私には見つけられなかった。

竹富港から島の中央にある集落まで歩いて行った。なだらかな登り道である。道の両側に大きいデイゴの木があり、百本以上は有ると思う。どれも花が咲いていない。葉は手のひらサイズ位のはずなのに、そういう葉は少なく縮れた葉になっている。これもダメになって来ているのかと思った。

集落の「**かにふ**」で昼食を取った。かにふというのは「豊かな土地」という意味だそうだ。食べている途中、梅雨の雨だと思うが凄いスコールが降り注いだ。断続的な降り方だったので、最近はタクシーもあるという事で頼んで港へ向かうことにした。

タクシーの運転手は女性だった。デイゴの通りで花の事を聞いたら、「今年は綺麗に咲きましたよ！　三月から四月にかけて」六、七年咲かなかったけど、三年前から咲くようになったそうだ。コンサート等を開き、皆に呼び掛けてデイゴに付くヒメコバチを退治する薬を購入したとの事。ヒメコバチは葉に卵を産んで木の幹にまで入り枯れさせたとの事。デイゴを皆で救った話を聞いて嬉しくなった。

新城島《あらぐすく》（パナリ島）

ホテルの部屋のカーテンを開けると雲一つない空。梅雨だというのに、こんな良い天気の時に行けるなんて、

「ついているね！」

新城島へは島巡りを始めた頃から気になっていた。行くことが出来ない島だろうと長い間思っていた。耳に入っていたのは、島には自販機も店も無いこと。島に行けたとしても島の事を外部に喋ってはならない事など。又、島民の知り合いか、島民の案内が無ければ一般の観光客は島に入ってはならないという事を聞いていた。

見た事を喋っていけないなら、口数少ない私でもムリだ。見たものは喋るし。

ある日、くっにーが出張先で見たテレビ番組で新城島を俳優の**照英**さんが訪問し、その時案内していた人と一緒だと新城島に行けるらしいと知ったようだ。

そこで前回二月にその人に新城島のガイドを予約し、行ける予定が出来ていたのに、与那国島から石垣島へ戻って、翌日に新城島へ行くはずだったが風が強く飛行機が飛ばず与那国島に泊まる事になり石垣島へ戻れなくて新城島へは行けなかった。

石垣港離島ターミナルに行くとテレビで照英さんを案内したガイドのNさんに会った。Nさんは陽に焼けて逞しそうでまさしく島人（シマンチュ）そのものだった。

上地島・下地島からなる新城島への定期便は無く、島民か、島民の案内があれば西表島行きの船が新城島に立ち寄ってくれる。新城島に近づくと海の色は黒島やケラマ諸島と違うブルーだ。パナリブルーと呼びたくなった。

新城島の港に着くとターミナルなど何も無く、唯、海に突き出たコンクリートの桟橋が有るだけだった。船から降りたのは六人だった。観光客は私達だけで、あとは島の人と工事関係の人だった。港から歩き出すと直ぐ左手に建設中の大き目の建物があった。小・中学校跡地に公民館を建設中との事だ。今は小・中学生はいないという。

すぐ横にある民家にNさんは入って行った。「ここは私の家ですよ」と笑った。Nさんが中学校卒業迄を過ごした家だ。石垣島にも自宅があり今はパナリ島（新城島）観光案内をしているという。Nさんの家は純沖縄風の家だった。窓が開放的で木のテラスが広く長く作ってあって、そこに寝ころぶと巨大なガジュマルの木が見える。

「三百年以上は経っていますよ」とNさんは言った。

Nさんの家は敷地の回りをサンゴの石垣で囲んでありテラスの前には広い手入れが行きとどいた芝生と白いパラソルとテーブル、イスがあってこのままテラスの上で昼寝をしたいと思うくらいリラックス出来た。

Nさんが、「昼食の前に二人で**浜崎ビーチ**に行ってみてはどうですか、下地島が目の前に見える海岸で綺麗な所ですよ」と言われたので自転車を借り二人でビーチに向かった。道路は舗装されてなかったが平坦な道なので両側の樹木を眺めながら走った。

途中で月桃の花が満開であちこちに咲いていた。又、何種類かの沢山のチョウが私達にまとわり付くように乱舞した。

浜崎ビーチは真っ白い砂浜で目の前に下地島が見えた。上地島と下地島は約四百mしか離れていない。大潮の時は歩いて渡れるそうだ。上地島と下地島が離れているけど二つを合わせて新城島というので、別名をパナリ（離れ）島と呼ぶとNさんは教えてくれた。下地島は牧草地だけの島だそうだ。


Nさんの家に戻り昼食だ。Nさんは石垣港離島ターミナルで我々のお弁当を用意してくれていた。そのお弁当だけの昼食かと思っていたら、生アオサのスープを碗に入れて出された。生アオサの下に何か見える。私達はとっさに、「ティラジャーですか？」と聞いた。Nさんは説明しようと思っている前に私達が言ったものだから、

「は、はい」と少し驚いていた。

今ではティラジャーを沖縄の若い人はあまり知らないと聞いていたし、ナイチャーがティラジャーと言ったので驚かれたと思う。

私達は三ヶ月前迄はその存在さえ知らなかったのだが、まずティラジャーが美味しい事と、その名前の呼び方が可愛くて、「ティラジャー、ティラジャー」と使いたくて仕方がない。ティラジャーの煮付けも食べさせて貰った。ティラジャーは冬場によく取れるそうだ。

新城島の海でも取れるそうだ。生アオサとティラジャーのスープは幸せな気分にしてくれた。

現在、新城島には、上地島に14人、下地島に牧草地の管理人が一人住んでいるそうで、一時、人口が二名になった事もあるという。今14名だが家は30軒あり雨戸を閉めてある家が目立つが

西表島や石垣島に転居した島民が時々戻って来て手入れをしているという。どおりで空き家だけど、家の庭の芝生が綺麗に刈りこんであり空き家に見えない。どの家も前庭が広くどこも芝生の庭になっていた。

歩いて島の案内をしながらその途中、お宮の場所を示し、「ここは案内できません」その先には立ち入り禁止のロープが張ってあった。島内には、お宮が四ヶ所ありますと言われた。島民も行事の時以外は立ち入り禁止だそうだ。

島の豊年祭は一族縁者が戻って来て六百人位集まり、お宮の境内で盛大な行事になると言う。豊年祭の事や内容を島の人以外に話してはいけないというきまりがあるとの事。ひと頃、島民以外の人も豊年祭に参加できたがそのマナーの悪さに、今は島民一族縁者以外の人は豊年祭参加禁止、撮影禁止という。

「この島も戦争の影響はあったのですか」と聞いたらNさんはホッとした顔で戦争の爪痕は上・下地島ともありませんと答えられた。

タカニク（火番の盛）は昔、琉球王朝時代に島から島へとノロシを上げ連絡を取り合った高台。そこからの眺めは見渡す限りジャングルのようだ。

七百人の人口が有った頃、この見渡す景色は全てサトウキビ畑が広がっていたが、人が少なくなり、この様にジャングルの様に木が増えて行ったという。元の畑になるのはムリだとNさんは言った。

越ぬ鼻（くいぬぱな）は港そばの展望台。

そこに行く途中、島の中をNさんが説明をしながら案内してくれた。林の中を三人で歩きながら月桃の花のミツの吸い方を教えてもらった。ミツを吸えるなんて思ってもいなかった。ほのかに甘い。花は香水に。葉のセンイは月桃紙になるそうだ。葉をちぎって香りをかがせてくれた。花も葉もどちらも香りがいい。月桃の花は実になり完熟すると香りのいいお茶になるという。

フクギの花が咲いている。初めて見た花は白く小さく丸い。そしてフクギの木の下にびっしり落ちてきている。枝を見るとそこにはもう小さな緑色の実が育っていた。

道端の花にチョウが多い訳は、

「私達は薬をまかないで野菜などを育てているのでチョウが多いのですよ」と言われた。

Nさんの庭先にアダンの実が熟して橙色になっていた。Nさんはその丸い実の粒粒の中の一つをもいで食べ方を教えてくれた。もぎとられた物は柿の味がした。色も柿の色だ。アダンの実は食べられないと聞いていたのでびっくりした。バナナのように柔らかくはないが、ちょっとした甘みが面白い。

Nさんの小さい頃、水は雨を屋根からの水で使用していてよくお腹をこわしたといわれた。フロ等には貯水池の水を使ったといい、その溜め池は、雨水が溜まり易いように周囲をロート状に工夫してあるのが分かった。現在、西表島から海底水道で水は確保されているという。島の人口が減ってから水が確保されたのは何とも皮肉な話だとNさんは言った。

新城島はジュゴンがいた島と聞いていたので今はどうなのかと気になっていた。水が無い島なので米が取れなく、人頭税として出す物が無い為、「ジュゴンの皮と身を干して差し出すように」との首里王府からの命令で差し出し、今ではジュゴンは全滅したという。

今は辺野古にいるだけだと言われた。ジュゴンは美味しかったそうですよとNさんは言われた。

西表島の**大原**は新城島の人が開拓し、**上原**は石垣島の人が開拓したと言われた。改めて沖縄の人々の逞しさを感じた。

「帰りの船まで時間が有るので、**北の浜**で貝などを拾って遊んでおいで」と言われ行った。

広い入り江には白い浜が広がり透き通った海が広がっている。誰もいない。二人だけの浜辺だ。

最高の贅沢だ！くっにーは、「満天の星の下、月明かりだけでこの浜辺で親しい友とキャンプが出来たら最高だろうなぁ」と言った。

いろいろな貝がらが沢山あった。

那覇のレンタカーの店に長いガラスの花瓶に貝がらを沢山入れて飾ってあるのを見た時、いつかこの様に飾りたいなと思っていたのが今ここで実現出来そうで嬉しくなった。うす紫、白、そしてサンゴを選んで集めた。沢山集めた。迎えに来てくれたNさんに集めた貝を見せ、「貝って重いんですね」と言ったら笑っておられた。

「くっにー、赤瓦の家が無いように思うけど・・・」と話していたら、

竹富島の赤瓦は、街並み保存条例により補助金が出て赤瓦の屋根にする事に決まっているそうで、

新城島は条例も無く補助金も出ない為スレート葺きばかりの屋根になっているそうだ。

港に戻り船を待っている時、立て看板を改めて読むと、そこには注意書きがいくつかあり、その中に、
・お宮に立ち入らない事。
・お宮に自分勝手なお願い事をしない事。
Nさんはお宮さん以外の事は、新城島の事をどんどんしゃべって下さい。お友達も連れて来て下さいと言われた。新城島の人達が守っている伝統的な事には、島民以外の人には遠慮してもらうが、島の事は知ってもらいたいと。

私は新城島に行く前まで思っていた誰も受け入れてもらえない島だと思っていたが、そうではないという事が分かり新城島に行く事が出来て良かったと思った。

新城島では、六時間滞在できたが、ゆったりと時が過ぎたのでもっと長い時間いたような気がした。本当に癒しの島だった。

石垣島にNさんと一緒に帰り石垣港離島ターミナルで別れる時には何だか親戚の叔父さんと別れる様な感じがして少し淋しくなった。

くっにーは福岡に戻ってからも「あのNさんの家のテラスでハンモックをして休んだら癒されるだろうなぁ。又、浜辺でキャンプもしてみたいなぁ」と言っている。

私もあの屋根付きの木の広いテラスで昼寝をしたり、北の浜でゆっくり過ごしたいなぁと思う。

波照間島《はてるま》

目を覚ます。雲がない。ホテルの窓から見える海面が鏡のようになめらかだ。「これだと安心して波照間島に行ける！」と、くっにーは叫んだ。くっにーは喜び過ぎて、ホテルの部屋のスリッパのままで出発し離島ターミナルに行く途中で気づき慌てて引き返した。

波照間島行きの人が多い。私の予想では少ないだろうと思っていたのでびっくりした。定員98人乗りの船が満席だった。観光客が目立つ。石垣港から65分かかるという。

新城島を左手に見ながら進む。その頃からうねりが大きくなり水平線が膨らんで見え始めた。この波が波照間島行きの船が欠航になる原因だと思った。今日は行きも帰りも波照間島への欠航はありませんと観光ターミナルの人が言ったので安心だ。

波照間島は周囲14,8㎞の楕円形の島で人口約五百人位だそうだ。

ネットで調べたら

「島の成因は隆起サンゴ礁であるが比較的起伏が大きく、中央部には標高60ｍに達する地点もあり、この付近に灯台が立つ。主な産業はサトウキビ栽培と製糖である。又、島内の酒造所では、泡盛の中でも、製造量が少なく入手困難なことで有名な**「泡波」**という銘柄を生産している。有人島として、日本最南端の島であるとともに、観光客が日常的に訪問出来る日本最南端の地でもあり**「日本最南端の碑」**が建てられている。緯度が低く日本国内では**南十字星**を好条件で観測出来る数少ない島であり、ほかの場所では見えにくい星を肉眼で観測することが出来る」と書いてあった。

サンゴ礁の色の海でなく濃いブルーの海の彼方に緑色の波照間島が見えて来た。空にはもう入道雲がうかんでいる。もう梅雨明けが近いのかな。波照間島の港で**「みのる荘レンタカー」**の所まで運んでくれるお兄さんの車に七～八人が乗りこんだ。「この島にハブはいますか」誰かが大きな声で聞いた。「ハブはいません！」車内にほっとした空気が流れたようだった。

レンタカーで島内を回り始めた。

一匹のヤギが道路に寝そべっている。広い舗装道路が広がっている。広い舗装道路は与那国島と同じだ。草地にヤギが何匹かいたので数えていたら視界のあちこちにヤギが目に入りはじめ途中からかぞえるのを止めた。サトウキビ畑が広がっている。

くっにーは平成19年に一人で旧石垣空港から波照間島に飛行機に乗って行った。九人乗りの小さな軽飛行機で塔乗する際、飛行機のバランスを取るため体重計に乗って座席が決まったそうだ。パイロットの席が丸見えで少し怖かったと言った。現在飛行機は運行していなくて船便しかない。その時、くっにーはレンタバイクを借り島内を回ったという。まっすぐに伸びる農道の両側にサトウキビ畑が広がり、風の音を聞き走っているとなぜか涙があふれてきて、自分はここが初めてではなく以前もここに来ていたようだと思えてきたという。胸が熱くなり、とっても懐かしい思いでいっぱいになったという。**デジャブ**だ！

その話をくっにーが私に言った時、「昔、アホウドリになって飛んで来てたんじゃないの」と言ったらくっにーは苦笑いしていた。

視野がかなり広く開けた場所に来た。何もない感じが今迄行った島と何か違う。とてつもなく遠くに来たように感じた。何かが違う先は**日本最南端の碑**がある所だった。ここが日本の最南端だと思うと感慨深い。


すぐ近くに**波照間島星空観測タワー**があった。

「ここでやっと本当のカノープス情報が聞ける」嬉しくなり入って行った。

「カノープスはどのように見えますか？」

受付のお兄さんは「冬場にしか見えませんよ」

「ここでは，十度の高さではなくかなり高い位置に見えますよ。冬の大三角形の下方に見えます。

カノープスは一等星で、大三角形の一つのシリウスはもう少し明るくてマイナス一等星です」

私は夏場にカノープスを見つけようとしていた。冬は寒くて空をあまり観察したくなかったから・・・

星空の絵葉書を買った。そこには冬の大三角形とカノープスがバッチリ写っている。

島内には大きな人工の溜め池が目立った。島の大事な水だ。車から畑を見ていると赤土ではないのが目についた。

くっにーが一番見せたいと言っていた**ニシ浜**に行った。その海の色は今迄の

観光客の足をなめたり、半ズボンに噛みつきヤギと海辺の自然の中で触れ合えるのが嬉しい。

海の色と違い、薄い青のグラデーションだ。

浜辺に子ヤギが二匹、観光客に可愛がられている。ぐいぐい引っ張ったりしているのが何とも可愛い。

島の中央に小・中学校があった。

ここにも校門の所に詩が書いてあった。

星になった子どもたち

作詞　波照間小学校全校児童及び職員

一、南十字星
波照間恋しいと
星になった
みたまたち
ガタガタふるえる
マラリアで
ひとりふたりと
星になる
苦しいよさむいよ
お母さん
帰りたい帰りたい

波照間へ

二、南風見の海岸に
きざまれている
忘れな石と
いうことば
戦争がなければ
こどもたち
楽しくみんな
あそんでた
さびしいよいたいよ
お父さん
帰りたい帰りたい
波照間へ

三、みんなでたましいを
なぐさめようよ
みんなでなかよく
くらそうよ
六十六名

知らない世界へ
逝ってしまったこと
忘れない
静かにやすらかに
ねてください
平和な平和な
波照間に

静かにやすらかに
ねてください
平和な平和な
波照間に

私には何も知らなかった事が書いてあったので慌ててデジカメで撮った。福岡に戻り、ネットで調べてみたら、「戦争中、日本軍の命令で島民達が西表島へ強制疎開させられ、その地でマラリアに罹り、沢山の老人と子供達が命を落とした。マラリア戦争とも呼ばれている。」と書いてあった。私は今迄その事を知らなかった事を恥ずかしく思った。

満天の星と自然がいっぱいの波照間島は平和しか似合わないと思った。

念願の波照間島にも行けた。

石垣港に戻りホテルに向かっていると、港には色々な名前の船がつないである。その中に船の名前がカノープスと書いてあるのに気が付いた。近くに居た青年に聞くと、カノープスを見た事があるよと言った。方向も教えてくれた。南十字星の見える方向も指差して教えてくれた。

道《みち》ジュネー

南大東島の南百キロの所に台風十一号がいる。ゆっくりゆっくり北上して来ている。今回の沖縄めぐりは、旧盆と重なるので、**道ジュネー**や諸見百軒《もろみ》通りでの**オーラセー**、**平敷屋《へしきや》エイサー**を是非見たいと意気込んでいる。なのに台風が沖縄に向かって来ているのは事実だ。道ジュネーや平敷屋エイサーが見られなくても沖縄にいれば沖縄を味わう事が出来るからいいよねと言っているけど・・・でも見られなかったら一年後の次の機会まで待たなくてはならない。

どしゃぶりの雨の福岡から機上の人になり宝島はとても見えないだろうと思っていたのに、真っ青な海の中にハートの形の宝島が光ってみえた。

と言う事は、宝島効果を期待しよう。

沖縄のテレビでは早目の台風準備と早目のお盆の用意を呼び掛けている。画面には一キログらいの豚バラ肉の大きな固まりがどんどん売れている様子が映し出されている。スーパーには旧盆を迎える料理がずらりと並んでいる。

天気予報を何度も見る。宝島効果が現れてきたのか台風が沖縄本島の方向へ向かっていたのが反れ始めた。十三夜の月も見えて来た。旧暦七月十三日の夜八時頃、道ジュネーがみられる沖縄市の中心部に行った。ゴヤ十字路に着くと何処からか太鼓の音が聞こえて来る。雑踏の中で耳をすまし、くっにーは早足になった。

「中の町青年会」のエイサー隊の道ジュネーに出合った。

唐船《とうしん》ドーイ、久高《くだか》マンジュ主、スーリー東節《あがりぶし》など知っている曲が唄われ、一緒に唄ってしまった。

青年達の力いっぱいの踊りや唄は少しも力を抜く事がない。一生懸命さが伝わって来る。力いっぱいやるので汗が飛び散っている。汗を拭く事もなく一心に唄い踊る。大太鼓、しめ太鼓の音は、目の前で聞くと胸の奥のおくまでドドーンと響いてくる。「中の町青年会」の道ジュネーについて行っていると、何処からか別の方向から太鼓の音が聞こえて来た。

「園田《そんだ》青年会」と旗頭が見えた。

旗頭、地謡、大太鼓、しめ太鼓、チョンダラー、イキガモーイ（男手踊り）、イナグモーイ（女手踊り）が二列や三列になって地域内を踊り歩いて行く。約百人位の隊列だ。

今度は「園田青年会」の後を付いて回った。美しく踊っているイナグモーイの手を見ていると、柔らかい動きの腕、手首、指先が優雅である。それだけでなく、腰、膝、足首、すべてが優雅である。琉球舞踊をやっているのかなと思った。

「道ジュネー」の意味を知りたくて、くっにーはエイサー隊の青年会の人に聞いていた。中の町青年会の人は、

「道ジュネーとはお盆にエイサー隊で道路を踊りながら練り歩く事で、昔から地域の通りを踊りながら練り歩き先祖の霊を迎える為」と言われた。

又、園田青年会のリーダーらしき人は、

「道ジュネーはお盆に先祖の霊が戻って来るのでエイサー隊が集落の路地を踊りながら清める為に始まった。又、ウークイ（お送り）の時は先祖の霊が迷わず、戻れるように太鼓の音でお送りする」と言っていた。

道ジュネーは旧盆の最初の日の夜（ウンケー＝お迎え）から旧盆の最後の日（ウークイ＝お送り）まで三日間毎日、夜遅くまで（午前二時〜三時）各地域の通りを練り歩く。沖縄県内ではお盆の間あちこちで道ジュネーが行われる。沖縄ではお盆の行事を重要視し、親戚一同が集まり御先祖の霊を盛大にお迎えし、又、お送りするそうだ。

内地ではだんだん廃れて来ているお盆の風習と伝統文化を、沖縄の若者達が、しっかり守り受け継いでいる事を嬉しく頼もしく思った。**ウチナーンチュの「肝心《ちむぐくる》」を見た思いがした。**

平敷屋《へしきや》エイサー

旧暦七月十五日、平敷屋エイサーを見に行った。行く途中、勝連半島付け根近くにある**勝連城跡**に立ち寄った。この城（グスク）は十五世紀半ばの按司（領主）阿麻和利（あまわり）の居城だった所だ。以前、来た事があるが、あまりの暑さに途中まで登って引き返した。今回は必ず勝連城跡の頂上迄登るぞと覚悟を決め、やっとの思いで登った。そびえ立つ城壁の頂上（海抜九十八メートル）からはエメラルドグリーンの海や景色など、三百六十度の眺望が楽しめた。

平敷屋エイサーは以前、全島エイサー大会の時に初めて見た。大太鼓やしめ太鼓を使用しないでパーランクのみでやる事に驚き、一糸乱れぬ踊り方がとても美しかったので、「是非、平敷屋の現地で旧盆の日に見たいなぁ」と、ずうーっと思っていた。テレビでは台風は日本本土に大雨を降らせている様を映している。沖縄は申し訳ないと思うほど良い天気だ。

平敷屋エイサーが行われるのは平敷屋集落の**「神屋《かみや》」**の拝所前の小さな広場で行われる。三叉路の道路が少し広くなっている所だ。

良く見える場所に一時間前から座って待っていた。既に座って待っている人達を見ると、内地からの人が多い。

午後六時から始まった。

エイサー隊が登場して来る辺りでドッと笑いが起こったので見ると、二才位の男の子が、チョンダラーの白塗りで、派手に書き込んだ顔の化粧を見て「ワーッ」と泣き出し父親にしがみついていた。以前、沖縄市松本のスーパーユニオンで普段着だが顔はチョンダラーの顔の青年が買物をしているのを見た。じっと見たいような見たくない様な複雑な気持ちになったのを思い出した。お盆の時期だったのだろう。


二人のチョンダラー（＝**ナカワチ**）が踊り始めた。頭には五十センチ位の角（つの）がついた帽子、手にはクバの葉の様な物で作った小さな扇の様な物を持っている。

バレエダンサーの様に軽く飛び跳ねながら登場し、私達には何も分からない言葉で唄いはじめた。そして時々その扇で地面をトントン叩いている。近くの地元の人に聞いたら、これから始めますよという合図らしい。


「秋の踊り」の曲が三線と唄で始まると、先頭はかなり大きな甕《かめ》を担いだ二人のハントー担ぎが入場し、パーランクを持った太鼓打ち達の長い列が一列になって続いて来ている。衣装は白と黒だ。この衣装は初めて見た時からとても気になっていた。

後ろ姿が独特だ。肩の所が白いボレロの様なので良く見るとタオルで、一部分を着物に縫い付けてあった。これが背筋を伸ばした若者によく似合っている。頭に被った白いタオルの結び方も皆揃ってとてもいい。真剣そのもので入場して来る青年達はキリッとした風貌で姿勢が良くとても格好いい。

「ヒヤミカチ節だよ」

くっにーが言った。私は気が付かなかった。ヒヤミカチ節はとても早く弾いていた。くっにーは「元々ヒヤミカチ節はこの位ゆっくり弾いていたのを登川誠仁が早弾きしてから今では早く弾く人が多くなったそうだよ」と言った。

「肝《ちむ》がなさ節」、**「トータンカニ節」**やその他、私達が知らない曲が続いて唄われ、休みなく踊りは続いた。曲に合わせて青年達は合いの手を力一杯叫んでいる。踊りは、中腰になって踊る時でもパーランクとバチが全員ぴったり揃った動きで見事だ。

十四人のナカワチ達は全員が指笛を休みなく力一杯吹いている。凄い音量だ。入場するときから額に汗が光っている青年がいた。少しだけ太り気味だからかなと思っていたが、だんだんどの青年にも顔には汗が光りはじめ首から汗が流れ、胸と背中も汗で着物が濡れている。

曲が終わり休憩になった。十四人のナカワチ達が一斉に独特の形をしたヤカンを持ってきて、

「東《あがり》の水！」

「あがりのみず！」

と言いながら太鼓打ち達に水を飲ませている。

「東《あがり》の風！」

「あがりのかぜ！」

と口ぐちに言いながら、クバの葉の様な物で作った小さな扇の様な物で太鼓打ち達に風を送っている。

その扇では風は期待できそうにもない。

でもあの状態では微風でも欲しいだろう。

休憩の間も、太鼓打ち達は微動だにしないで立っている。観客は見ているだけなのに、汗は吹き出しウチワで涼んでいるのに、プールから上がってきたように濡れている太鼓打ち達は落ちてくる汗を拭おうともしない。イナグモーイ（女手踊り）、イキガモーイ（男手踊り）も落ちてくる汗を拭おうともしない。

直立不動のままで立っている。ナカワチが、

「東の塩！」

「あがりのしお！」

と言いながら塩を少しずつ配っている。

ふと目の前の青年の足首に目がいった。汗でぐっしょり濡れている。素足の足元は地面に水をこ

ぼしたようになっていた。よく見ると汗で地面が濡れている。他の太鼓打ち達の足元を見ると始まる前はアスファルトが乾いていたのに、素足の青年達の足元はビショビショの状態になっていた。

今迄自分自身は此処まで汗が出る程がんばった事はない。私は汗が目に一滴入っただけでも目が刺される様に痛くなり泣きたくなるというのに。

様々な演じる舞台があるが、平敷屋エイサーを見ながら、

「これは芸術だ！」と思った。

ウークイ（お送り）の夕刻、奉納演舞をして伝統を守り抜くという確固たる信念が青年達の魂に浸み込んでいるのだろう。

少しずつ暗くなっていく空を見上げると、大きな満月が煌々と輝いていた。平敷屋エイサーを満月の下で見たいという希望が叶えられた。何とも、最高の環境で、最高の物を見せてもらった。贅沢な日だ。

翌日の新聞に、

『台風11号が過ぎ去った八月十日夜（旧暦十五日）、月と地球との距離が最も近づき、普段より明るい月が大きく見える「スーパームーン」の満月が姿を見せた。特に今回は、楕円軌道を周回する月が、地球に最も近い所に来た時刻と、ぴったり満月になる瞬間に一時間の差もなかったため、米航空宇宙局（ＮＡＳＡ）は、**「エクストラ・スーパームーン」**だとしている』と載っていた。

何という贅沢な環境での夕べだったのだろう。

こんな幸せが嬉しい。

平敷屋エイサーは、東《あがり》と西《いり》の二つの演舞があり、東の演舞が一時間半あり、続いて西の演舞が始まった。西の演舞は東と同じ格好の五十人位が踊った。踊り方は東西の違いは良く分からないが、隊列の作り方等が微妙に違って見えた。休憩時間には、やはり汗を拭く事もなく直立不動だ。違うのは休憩の時、

「西《いり》の風！」

「西《いり》の水！」

「西《いり》の塩！」

と叫びながらナカワチ達が駆け回っていた。観客の人にも、「西《いり》の水！」と言って何人かの人に飲ませていた。

西のエイサー隊の締めくくりの踊りは十八名のナカワチ達が手に手にタイマツに火をともし広場に入場してきた。照明も消され満月の月明かりとタイマツの火が若者達を照らした。両手にタイマツを持ったまま足を高く上げながらダイナミックに舞った。

その姿はとっても幻想的だった。

若者達が精一杯、力の限り演舞している姿で情熱、若さ、エネルギーのほとばしりを感じた。

又、全員が一体となって美しい動きと力強い躍動を見せてくれた。そのひたむきさに感動して、くっにーは涙ぐんでいた。私も涙をこらえた。

東西の奉納演舞は午後九時半頃に終了した。

平敷屋エイサーを見た後、直ぐ沖縄市に戻り諸見百軒通りに行った。ここは毎年エイサー隊の**オーラセー**があると聞いていたから、一度見てみたいと出かけた。オーラセーの意味も内容も解らないので調べてみた。それによると、

『オーラセーは「ケンカする」「ケンカさせる」という言葉だが、百軒通りのオーラセーは狭い路地にそれぞれ百人位のエイサー隊が向き合って大太鼓、しめ太鼓を打ち鳴らし、大音量でそれぞれ違う曲を唄い踊る。相対した青年会同士のエイサー対決であり、太鼓の音量勝負で相手の曲に惑わされリズムが狂った方が負け』だそうだ。

オーラセーを初めて見るのでワクワクしていた。諸見百軒通りは既に大勢の人だかりだ。

園田《そんだ》青年会と**胡屋《ごや》青年会**のオーラセーが有名と聞いていた。

しかし今年はオーラセーが中止になったと聞いた。訳は昨年の旧盆十五日の夜中十二時頃から延々と二時間位オーラセーを続けた為、近隣の住民から、かなりの苦情が来たそうだ。百軒通りの近隣の住民は毎年オーラセーが行われる事は承知して理解が有るそうだが、さすがに真夜中に二時間も大音量で太鼓の音を聞かされると文句も言いたくなるのは分かる。

百軒通りでは「**山里青年会**《やまざと》」と「**久保田青年会**《くぼた》」の約百人位のエイサー隊が順序よく通り過ぎ、午前0時半頃終了になった。

タクシーを拾いホテルに戻る途中運転手さんが、

「私も若い頃、久米島の青年会に入ってエイサーをやりましたよ。私達の頃は、お盆の三日間は毎日、朝迄踊っていましたよ。時には各家の中迄上がり込んで踊り、祝儀に担いだ甕に泡盛を入れて貰っていましたよ」と懐かしそうに言った。

ホテルに戻っても「平敷屋エイサー」や「百軒通りのエイサー隊」の太鼓の音と踊りが目に浮かびなかなか寝付けなかった。


福岡に戻り、もっと平敷屋エイサーの事を知りたくなりネットで調べた。

平敷屋エイサー保存会名誉会長の宮城松生（みやぎしょうせい）さんが平敷屋エイサーの成り立ち等について話をしているのが検索されたので少し長くなるが引用する。

「エイサーは沖縄本島各地に伝わる民俗芸能で、旧暦七月のお盆の夜に青年達が集落の繁栄と平穏無事を祈って家々を踊り歩いた「念仏踊り」にはじまるといわれています。平敷屋エイサーは沖縄本島中部の東海岸に突き出た勝連半島東端のうるま市勝連平敷屋地区に伝わるエイサーで、25才迄の青年が所属する平敷屋青年会の行事として行われます」

「平敷屋エイサーの歴史は二百年以上あると言われています。最初のころの踊りがどのようなものだったかは定かではありませんが、明治の終わりごろまではごく素朴な踊りだったようです」

「平敷屋エイサーは、パーランクを扱う太鼓打ちを中心に、二人一組で大きな甕を担ぐハントー（酒甕）担ぎや、手踊り、道化役のナカワチ、唄・三線を担当する地方（じかた）という総勢七十名前後のメンバーで演じられます。ハントー担ぎは、エイサーの一団を先導して入場します。甕を担いでいるのは戦前、集落の家々を回って踊った時お布施としてお酒をもらっていた時の名残です。ナカワチは顔を白く塗り、踊りの合間に滑稽な余興を演じ、メンバーに水を配ったりウチワであおいだりして仲間の世話をします。平敷屋の場合、太鼓打ち、ハントー担ぎ、ナカワチ、地方をするのは男性ですが戦後からは手踊りに女性が参加しています」

「沖縄のエイサーの多くが戦後、見せる事に力を入れて振付や衣装が派手になっていく中、平敷屋のエイサーは伝統を重んじ、古くからの型を守り続けています。衣装も白の襦袢（じゅばん）に黒染の絣、黒帯，蝶結びの白鉢巻、袖丈を上げる白タオルと簡素で、足元は素足です。これは僧侶あるいは野良仕事の農民の姿を表したものだと伝えられています」

「平敷屋のエイサーの最大の特徴は踊りが整然としているところです。太鼓打ちの一糸乱れぬバチさばき、太鼓の返し、胴体のひねり、腰のおろし具合、交差させる足の運びなど群舞で美しく見せます。また、一列縦隊の行列をくんで入場し、一列から二列、二列から四列へと隊形を変えながらの演技は、静から動へ、動から静へと変化に富んでいて、古典的かつ躍動感に満ちています。こうした特色のすべてが昔ながらのエイサーを継承しているといわれるゆえんです。

実際にご覧いただいたら、一連の演技の中からわき出る強弱の調和のとれた迫力、内に秘められた奥ゆかしい情熱、魂を揺さぶるエネルギーを感じとっていただけると思います。平敷屋のエイサーのもう一つの特徴は、同じ集落内に東西二つのエイサーがあることです。一つの地区にエイサーが二つあるのは平敷屋だけで、西が女性的で優雅な踊り、東は男性的で活発な踊りと、それぞれ個性がはっきりしています」と語っている。

伊良部《いらぶ》島・下地《しもじ》島

明日が二百十日だというのに今回の沖縄旅行は台風一つ発生していない。四泊五日の沖縄行きは安心である。福岡空港から那覇空港に飛び、那覇空港から宮古空港へ飛んだ。

直ぐに**伊良部島**、**下地島**へと向かった。

宮古島の**平良**（ひらら）**港**からフェリーに乗る。乗客三名だった。（定員六十名）船室のテレビからＮＨＫみんなのうた「**上江洲**（うえず）**十字路**」が流れている。〃ティーダかんかん空の下〃と可愛い歌だ。つい歌ってしまう。

沖縄ではよくあることだが船から右側は雨、カミナリ、イナズマが見える。カタブイ（片降り）だ。左側は曇っているだけだ。行く手に伊良部島が見える。島の高台に白い建物らしきものが見えるが中央の塔に見える部分が少し傾いている。壊れかかっているのかな・・・何なのか分からない。
船の左手遠くに**伊良部大橋**が建設中だ。平成二十七年一月に完成予定だそうだ。建設中の橋の上にクレーン車が三台見えている。
伊良部島の玄関口である**佐良浜（さらはま）港**に着くとすっかり晴れている。道は雨の後もなく濡れていない。佐良浜漁港は南方カツオ漁船の母港となっているという。レンタカーを借りる所まで車で送ってもらっていると島の中央部に沢山の車が集まっていた。島の町民運動会だそうだ。

まずレンタカーで下地島へと向かう。くっにーが、

「今、渡ったよ」

と言った。私は、

「あっ」

あっと言う間に下地島に来た。伊良部島と下地島は二十メートルぐらいの橋で繋がっている。**下地島パイロット訓練飛行場**があるのでちょうど見られたらいいなぁと思っていた。かつて民間の航空会社がジャンボ旅客機のパイロット養成の為に作ったそうだ。しかし滑走路は現在使われていないという。レーダーは回っているのでいつでも使えるようにしてあるのだろうか。

空港の側の海ぎわに**魚垣**（カツ）の標識がある。
ここは遠浅の海のようで石垣を海の中に作り干満の差を利用したようだ。潮が満ちて魚が入り、潮が引くときに出口に網を張って魚を取る漁法だそうだ。今も石垣が海の中にきれいに並んでい

た。

空港跡地をぐるりと回り**通り池**へと向かう。

くっにーが時々この名を言っていたので、どこの池の事かといつも思っていた。ここだったのだ。海のすぐそばにポッカリと丸く空いた大きな池が二つ見える。二つの池は洞窟でつながっていて、この通り池は外海とつながっているそうだ。深い青の池に、良く見ると八人ぐらいダイビングしている。ここは石灰岩ででき、陥没と海の浸食で出来たという。通り池の駐車場に戻る小道の両側はアダンが密集していた。クワディーサーの木には青い実が、ウルトラマンの顔であちこちに実っていた。

くっにーが言った。

「渡ったよ」

「あっ」

伊良部島に戻って来た。島はサトウキビ畑ばかり見える。何もない畑は赤い土が見える。

高い煙突が見え、その煙突に**宮古製糖㈱伊良部工場**と大きく書いてあった。**牧山展望台**に登る。

これがフェリーから見えた白い建物だった。中央の高い部分が少し曲がっていると思ったのは鳥の頭の部分だった。**サシバ**という鳥の姿をかたどった真白な展望台だった。伊良部島で一番高い所にあり、登ると遠くに来間島、宮古島中心部、池間島が見えた。

島一周をめざすと**サバウッガー**（サバ沖井戸）の標識がある。遙か崖下にある井戸のようだ。崖の上から覗いた。かなり下方にサバウッガーはあるようだ。くっにーも私も行ってみようとは言わなかった。下まで見に行き、階段を上がって来た夫婦がへとへとになって上がって来た。「井戸

は随分荒れていましたよ。手入れをしたほうがいいと思いますよ」と言っていた。説明の看板を読むと、

「昭和四十一年に簡易水道が設置されるまで、佐良浜一帯の貴重な水資源だったという。一七二〇年の池間島からの強制移住より前に作られ井戸のない佐良浜の人にとって水汲みは女達の日課で午前三時から一日に三、四回、百二十三段の階段を往復したという。生きる為の過酷な歴史を持っている」と書いてあった。

二百四十年以上も活用されて来た井戸で、名前の由来は鮫（サメ）の口に似ている事からサバウツと名付けられたと考えられるという。

島の十字路で面白い光景に出合った。小型トラックの荷台に子供十人、大人も乗っている。指笛が鳴っている。トラックのすぐ後ろにバイク。バイクには運転する若者と大きな優勝旗をなびかせた若者が乗っている。町民運動会で優勝したのだと分かった。私達は車を止め拍手をした。嬉しそうな顔をして通り過ぎて行った。

島のパンフレットを頼りに島一周道路を走ると、**フナウサギバナタ**と標識があった。大きなトリの形をした銅像が立っている。「フナウサギバナタ」とは「船を見送る岬」という島の方言で、その昔、家族や親戚の無事を祈り、船出を見送った場所だという。その形は秋に飛来するサシバをかたどった展望台だ。

島を巡るうちにサシバリンクス伊良部、サシバの里、オーシャンハウスインさしばなどサシバという文字が目につく。「サシバ」という酒もあるようだ。

宮古空港の案内テレビでサシバの様子が映されていた。説明によると、「北風が吹きだす十月十日前後、日本からフィリピンに渡りますが、その途中毎年五万羽が宮古島諸島に飛来し、その九十％が伊良部島で羽を休めるそうで、時には何千羽、何万羽にもなるその群れの乱舞は壮観であり古くから人々に親しまれている伊良部島を代表する鳥である」という。

『サシバはタカの一種、大きさはカラスぐらい。本州以南に棲息し秋に大群で南方に渡る。山地、森林に住みヘビ、昆虫、小鳥等を捕食する。稀にタカ狩りに使った』

島を一周し、レンタカーを返しに島の中央部に行った場所で、賑やかな小型トラックが又やって来ている。今度は荷台にドラムカンをのせドンドン叩きながらホイッスルの笛を吹いている。子供達も乗っている。レンタカー屋のおじさんが、あれは町民運動会の優勝の報告を地区の人々にしているのですよと言った。優勝の凱旋だ。

私が小学生の低学年の時まで運動会は地域対抗だったので優勝した時、小さな優勝の旗を持って家の近くまで並んで凱旋し帰ったのを思い出した。低学年の私達は高学年の言う事をきちんと聞いたし、又、高学年の人達は低学年を守ってくれた事が懐かしくなった。

伊良部島と下地島には小学校二校、中学校二校、高校一校があるそうだ。人口は約五千人位と聞いた。小さな島だと想像していたが走っても走っても道は続き、かなり大きな島だった。

宮古島にフェリーで戻った。

夕食はホテル近くの居酒屋に行った。店の名が「**ちゅらんみ**」（宮古島市平良西里）美しい海の事かなと思ったら、「美しい丘」という意味だった。居酒屋なのでオオタニワタリやアダンの芯があるといいなぁと思っていたが無かった。オオタニワタリは石垣島付近だけで食べられているのかな。カウンターにいろいろな貝がらを飾ってあったのでくっにーが、

「ティラジャーありますか」と聞いたら、

「ありますよ」

と言われ、直ぐに注文した。茹でて貝がらから出してあった。山盛りのティラジャーに感激した。この時期でも食べられたのが嬉しい。ティラジャーは今はあまり店先に出なくなったトリ貝の食感に似ていると思った。

福岡に戻り九月十四日の読売新聞に伊良部大橋の事が載っていた。

『沖縄県宮古島市の伊良部島と宮古島を結ぶ「**伊良部大橋**」（長さ三千五百四十メートル）の橋げたが九日、連結した。無料で通行できる橋としては国内最長となり、平成二十七年一月三十一日に開通する予定。

一般県道で車道は片側一車線。両側に路肩があり、歩いて渡ることもできる。二〇〇五年から本格的な工事が進められ、総事業費は約三百九十五億円。九日に式典が開かれ、工事関係者ら約百八十人が橋げたの連結を祝った。今後は転落防止柵の設置や舗装といった仕上げの工事に入る。伊良部島は宮古島の北西に位置し、人口は約五千五百人。宮古島との間の交通手段は定期船しかなく、架橋後は医療や教育、観光面での効果が期待される』

多良間島《たらま》

「何年振り？」

「オレ、二十年ぶり」

「私、六年ぶり」

楽しそうに話している会話が耳に入って来た。

宮古空港で多良間空港行きの便を待つ列の中で何気なく聞こえた会話。**八月踊り**のある多良間島に帰るのだなと分かった。八月踊りのある旧暦八月八日の多良間島には、島から他へ出て行った人達も帰ってくるらしいと聞いていたからだ。

島の人達の地縁、血縁の強さを思った。

宮古島空港から多良間島行きは39人乗りの琉球エアーコミューター。満席だった。

多良間島と水納島行きが今回の計画だ。


多良間空港に着くと八月踊りの幟が沢山はためいている。空港が賑やかだ。レンタカーを借り島巡りを始めた。空港からの道路を少し走るとバオバブの木みたいに上がペタンコの松並木が続いていた。誰も歩いていない。車も走っていない。

ヤギがいる。沢山のヤギが見えだした。牛小屋があり、黒い牛がこっちを見ている。

くっにーが車を降りて柵がある牛の方に行くとそうっと逃げてしまう。サトウキビ畑が限りなく広がっている。走っていると自分達が今何処に居るのか分からなくなった。多良間島空港で貰ったパンフレットを見ても分からない。パンフレットに多良間島は平坦な島なので電波塔を目印にするとよいと書いてある。でも電波塔が見えない。

しかたなく高目の所に行くと二つの電波塔と**八重山遠見展望台**があるのが分かった。その方向を確認しスタートするが、また分からなくなってきた。サトウキビ畑が続く道をグルグル回っているようだ。巨大なサトウキビ畑の迷路だ。

やっと抜け出した。

街路樹のフクギに黄色い実が実っている。たわわに実っている。ちょうど小さいミカンと同じにみえる。美味しそうだ。フクギの木の下には熟した実が沢山落ちている。五月に新城島で見たフクギは白い花が咲いていて、木の下には白い花が道を真白くしていた。今、多良間島では黄色い実が道を黄色くしている。

くっにーはその実を一つ取った。美味しそうだよといって少しかじった。私にも食べてみてと差し出した。ちょっとなめてみた。何か薄い味がした。くっにーはバナナの様な味でほんのり甘いという。落ちている実を踏んでみると種はビワの種と似ている。一つちぎってきてくれた。車のフロントに飾りのように乗せて走った。

海が見える所にきた。**三ッ瀬公園**だ。海の写真を沢山撮った。遠くに石垣島が見えている。

港の海辺にいる女性に、くっにーは尋ねた。

「フクギの実は食べられますか？」

「毒は無いけど島の人は食べませ～ん」と言われた。

そうなんだ。

フクギ並木の道をはしる。八月踊りを見に行っているのかな。人も車にも出合わない。**前泊港**が見えて来た。かなり大きい船が停泊中だ。宮古島からのフェリーで一日一便。二時間かかるという。飛行機では25分だった。しかも多良間島にタクシーはない。この港に着いたらどうやって集落がある所に行くのだろう。前泊港から海の向こうに明日行く予定の水納島が見えている。波打ち際が白く光っている。

すぐ近くに宮古民謡の**多良間シュンカニ**の歌碑があり、母と子の石像が建っていた。多良間シュンカニの歌碑のある方向を教えてくれたおばさんにくっにーはフクギの実を見せながら、「これは食べられますか?」と聞いたら

「食べてはいけませんよ！　実の中に沢山の虫がいますよ！」

くっにーは、慌ててその実を車の外に放り投げた。そして、消毒するようにペッペッとツバを吐き出していた。私も水を含み、口をゆすいだ。

前泊港から**ふるさと海浜公園**へと進む。ここからも水納島が見えている。海辺に行くと、波の音だけが聞こえて来た。海浜公園のベンチに、こわもての二人が座っている。真黒に日焼けして恐

そうな顔である。公園にある観光案内板を見ていると、滑走路が二本書いてある。多良間島に飛行機の滑走路が二本もあると、くっにーは不思議がっていた。おじさん達に聞いてみようかと思って聞くと、おじさん達は優しい笑顔で近寄って来た。昔の滑走路だった事。今は太陽光発電施設になっている事を教えてくれた。

「多良間の黒糖が美味しいので、よく買いますよ」と言ったら、おじさん達はにこにこ笑って、「ありがとうございます」と言った。


多良間島は丸い島なので島の一周道路を回った。多良間島を一周しながら街路樹は松並木、フクギ並木、アダン並木の通りに分けて植えてあるのが良い感じだった。

今度は島の中央に向かった。**八重山遠見台**が標高34mの所にあった。昔ここからノロシで他の島々と連絡を取ったという。黒島でも石積みで出来ていて似ているのを見た。直ぐ横に**八重山遠見展望台**があり、島内が一望出来ると言うので登った。ここは津波避難場所にもなっていた。

昨日の寝不足でハアハア言いながら展望台に登ったが三線の音色と唄が近くに聞こえて来たので、八月踊りは近くであるのだなとワクワクしてきた。

道路のあちこちに八月踊りの幟が多良間の風にゆれている。午後三時になった。八月踊りの会場に向かうことにした。

八月踊り

多良間島に行く時は有名な八月踊りがある時に行けたらいいなぁといつも思っていた。それが叶った。

くっにーが手に入れたパンフレットに八月踊りの説明が書いてある。

『「八月踊り」は旧暦の八月八日から十日迄の三日間開催される多良間島最大の祭りで一九七六年（昭和五十一年）に国指定重要無形民俗文化財に指定されています。「八月踊り」は「八月御願」とも呼ばれ今年一年の実りを感謝し、来年の豊作を祈願する豊年祭です。多良間島の**仲筋**《なかすじ》と**塩川**《しおかわ》の両部落にある拝所を舞台に、様々な芸能が披露されます』

初日の仲筋集落の八月踊りを見る事にした。午前十時から夜九時頃まであるという。

多良間島にはホテルは無く、民宿しかない。それで、**ここハウス**（宮古郡多良間村字塩川）という民宿に宿をとった。民宿は初めての経験だ。朝食は出るが夕食は出ないという。今日は、祭りの所で、お弁当や食べ物が出店で売られているからだという。しかも今日は祭りなので、食事が出来る店は休業が多いという。旅の時、夕食はホテルのレストランか居酒屋に行っていたので何を夕食にしていいのか困った。島には二軒のスーパーしかない。

祭りの出店だけでは足りないかもとAコープと中央スーパーだけが開いていたので行った。店は集落の中央部にあり、向かい合っていた。マルボーロを買った。**多良間黒糖**が目についた。

これが黒糖の中で一番気にいっている。お土産に沢山買った。ほかに多良間島で有名なお菓子**ぱらぱんぴん、うーやきがあす、うやきぼー**を買った。うやきぼーのキャッチフレーズに「やさしい甘み・・・あとをひく美味しさ」と書いてあった。素朴な焼き菓子のようだ。

八月踊りのある拝所に向かって行くと思われる人達について行った。

ウチワを片手に持って行っている人達が多い。子供も友達同士で連れ立って行っている。足取りで祭りの嬉しさに溢れているのが分かる。

出店を覗いた。かき氷、ホットドッグ、弁当、おかず、酒、等ある。私達は助六、焼きそば、アスパラとベーコン炒めを選んだ。これだけで夕食として足りるのかなと心配だ。痩せる為のいいチャンスなのに、何だか心配になってくる。くっにーは、足りなかったらマルボーロを食べようという。

仲筋集落の踊り場は、**土原御願**（んたばる　うがむ）に舞台があり観客席の所にも常設のコンクリートの屋根があった。壁はない。涼しく見学できる。舞台は畳敷きになっていた。観客席は畳のゴザが敷いてあり、少し空いていたのでそこに行き見ていると、既に見物していた島のオバア達が前の方に席を譲ってくれた。舞台が良く見える席だ。ナイチャーへの優しい思いやりに感激した。

すでに沢山の人が集まっていた。三百人ぐらいだろうか。私達の様な内地からの人は数えるほどだ。舞台では丁度**組踊り**の最中だった。

忠臣仲宗根豊見親組・・・大将仲宗根豊見親・村々の豊見親達やオオガマ、クイガマが酒席に乗りこみ、酔わせて与那国の首長鬼虎を征討する物語と説明してある。

オオガマ、クイガマは美女の役だ。女子中学生が扮していた。

首里王朝の装束できらびやかだ。

その髪飾りを見ていたら、りんけんバンドのボーカル**上原知子**さんのものと良く似ていてびっくりした。又、武将の姿も、りんけんバンドでときおり見せてくれる衣装によく似ていて面白いと思った。絵になる衣装である。

私は組踊りとは何人かで組んで踊るのかと思っていたが、組踊りとは歌舞劇だと分かって来た。

三線や太鼓や笛の伴奏が聞こえる。組踊りは島言葉で演じられていたのでセリフがほとんど理解出来ないから動きから主役、悪役の区別がついてきた。

観客がドッと笑う時、私達には何も分からないので一、二秒後に何だったのかなと不思議な気分になった。

組踊りの合間には端踊りがあり、知っている曲では、**辺野喜節、伊計節、綾蝶節**などが踊られた。

その踊りの中で足の運び方が面白いのに気がついた。良く見ると今迄見た事がない足運びだ。

上手に踊る少女の足運びを見ていると一部分が前に行くムーンウォークのよ

うだ。見ながらその足運びを真似てみた。なかなか難しい。基本的には、前に行くムーンウォークのような足運びをどの演者もやっていた。

見渡すと観客はほとんど地元の人だ。一升瓶の泡盛を持って集まって来ている。そのままコップに入れて飲んでいる。水割り等していない。

あちこちに一升瓶を中心に人の輪が出来て酒を酌み交わしながら見物している。宮古地方には「**オトーリ**」があり、多良間島にも有ると知って警戒した。特に旅人には優しい島民だから勧められたら困る。あの飲み方は慣れていない人には危ない。くっにーがオトーリに入ってしまっている嫌な夢を多良間島に来るまでに二回も見ていた。くっにーに「絶対しないで」と念を押した。以前、与論島で「**与論献奉**」の事を知らないくっにーが島の人達にいつの間にか誘われ、酔いつぶれて大変な目に会った事をよく話してくれていたからだ。

最後の組踊りは**忠孝婦人**（大川敵討）・・・自分の欲望のため大川城を打ち滅ぼした「谷茶」を、生き残った大川城の按司の頭役村原とその妻乙樽が、原國兄弟等と共に討ち取り、大川城の按司の嫡男の思子（ウミンガ）を元の大川城にお供する物語と説明してある。

長いセリフを言いながら20分間で2m程を、ゆっくりゆっくり前進する。

観客はウチワでパタパタとしながら見ていたが、だんだん日が暮れて涼風が吹き始め更に観客が増してきた。

組踊りに小学生や中学生が登場すると子供達の観客が増える。小一ぐらいの男の子が組踊りを正座してじっと見ている。いつか自分が出演する姿を夢見ているようだ。善人が悪人を懲らしめる

という スタイルは子供達にも興味があるようだ。もうすぐ一才になるという赤ちゃんが舞台をじっと見ている瞬間があり凄いと思った。

この組踊りは五時に始まり八時半迄続いた。三時間半の長丁場だった。演じている出演者は皆、島の人で普段はそれぞれ仕事を持っているそうだ。

しかし本物の役者ではないかと思うほど演技が上手だった。

最後のフィナーレは**総引き**（そうびき）といい出演者全員が舞台の下手から上手へ三拍子のリズムで行列をなし、二巡、三巡と回った。舞台裏で三線を弾き唄っていた人達も総引きに加わり、スタッフもリズムに合わせて舞台を踏んだ。ムーンウォークの様な足運びで歩いている人も多い。観衆も揃って手拍子で囃して会場全体が一丸となって湧きあがった。

「いすもち」という役で組踊りに出た男子中学生は、大人の組踊りの長いセリフの中で、その長い時間に暑い舞台だから頭を掻いたり、汗をちょっと拭いたり、目の前に来た小さな虫を掃ったり、足を組みかえたりした。大人は汗が出ているのが分かるのに拭おうともしないで、じっと役をやっている。大人の中でその行動が目立って可笑しかったが、その少年は総引きの三巡目では顔付きが変わり、リズムをしっかりと取り上手へと引き上げて行った。

八月踊りを見て多良間島に受け継がれている伝統は、大人達が八月踊りを受け継いで、組踊り等で生き方を演じ、子供達に大勢の前で自分の力で舞台に立つ力を経験させるなど、大人から子供へのスバラシイ贈り物だと思った。伝承して行く事の素晴らしさを心から感じた。多良間島の人々の

心の強さ、逞しさを感じた。

八月三十一日の宮古新報に「八月踊り」の事が説明されていた。『旧暦八月八日に催される多良間島で最も大きい行事、昼夜三日間にわたる祭りはエネルギッシュで、手づくりの豊かな色彩をもっている。八月踊りは「八月御神」「皆納祝」とも称され王朝時代、人頭税に苦しんだ人々が、八月踊りの起源であるといわれている。御嶽で奉納される踊りは、かつて琉球王府で行われた御冠船踊りの伝統を継承しており、組踊り、女踊り、獅子舞などその内容は多彩』

福岡に戻り、多良間島の余韻に浸っている。今も多良間島の豊かな自然と「八月踊り」の豊かな色彩が目に浮かぶ。そして、時々あの踊りの足運びもやってみたりしている。

水納島《みんな》（宮古郡）

民宿では良く眠れた。朝起きたら島のあちこちのスピーカーから三線の音色が聞こえて来る。八月踊り二日目の塩川集落の「**ピトマタ御願**」からだと気付いた。私達は、今日は水納島に向かう。私達は事前にインターネットで水納島の事を調べてみた。

「水納島は多良間島北方に浮かぶ島。二・一五平米㎞。宮古郡多良間村に属する。最高点が標高八メートルの低平な隆起珊瑚礁の島。かつては二百名を越す人口を数えたが、現在は一家族が牛の放牧に従事」と書いてあった。

水納島に行く用意をして、民宿の前に立っていたら老夫婦に出合った。「塩川に行くのですか？」と話しかけられた。塩川の八月踊りを見に行くのかと思われたようだ。「水納島に行きます」と言ったら、「水納島は日本一、いや世界一、海のきれいな所ですよ。八年前に行きましたよ」と。今は那覇市に住んでいるけど、塩川地区の生まれだと言われた。「八月踊りを見る為に来たのですよ」と言われた。

水納島へは定期船は無い。船をチャーターするしかない。しかも前泊港に行くのに多良間島にはタクシーも無い。それでチャーター船を予約した水納島住民の宮国さんが車で民宿まで迎えに来てくれて、前泊港迄乗せてくれた。

前泊港に着いたらもう一人の男性が船の準備をしていた。とても似ていたので親子だと思ったら、お兄さんだという。そして船で水納島まで運んでくれた。水納島には現在三人住んでいるとパンフレットに書いてあった。宮国さん達に会って少し驚いた。私は島に居る三人はお年寄りだと思っていた。まず二人は老人ではない。

船は五トンのチャーター船だ。20分で着くという。もちろん乗客は私達二人だけだ。水納島は前泊港から見えているので直ぐ着くようだがかなり時間がかかったように思えた。白波を立てて船は進んだ。今迄沖縄の離島に行く時は海の色が大体薄い青だったが、波照間島に行った時にだけ濃い青い色だったがそれに似ていたので、くっにーに、「海の色が濃いねぇ～」と言いながら水納島を目指した。
水納島港に着くと驚いた。港の海の色が今迄見た事のない色だ。薄い青系だが偶然できた上品な和菓子の寒天の色だ。

宮国さん兄弟は私達を船から降ろすと海岸に立っている島の案内板を説明すると、それぞれの小型トラックで島の奥の方に行ってしまった。牧場があり牛の世話らしい。私達は大きなフクギの木のトンネルの中を歩いて島の中央部に行った。広くひらけている。そこに宮国さん達の家屋があった。

水納島の中は三軒の家以外何もない。もちろん自販機も店も無い。二軒の家は宮国さんのお兄さんの家と宮国さんの家で三軒目の家は旅行客のコテージとして貸し出しているそうだ。
水納島は牛の牧場の島で野生のヤギも沢山いた。ヤギが群れになって草を食べている。白いヤギ、灰色ヤギ、黒いヤギなどいる。

宮古遠見台を目指した。木々の上ではさえずる小鳥の声が何だか澄み切っている。水納島の自然の中の小鳥たちは幸せそうだ。さえずる声が内地の小鳥たちと違う。バサッと音がしたので見上げると朱色の鳥が飛んで行った。ツバメくらいの大きさだった。珍しい色と思った。
宮古遠見台のすぐ横にヘリポートがあった。緊急の時の為だろう。雨雲が近づいて来たので困ったなぁと思っていたら、ミストの様な雨で直ぐに止んだ。かなり歩いて広場に戻って来た。木陰があり、ベンチがありお弁当はここでと決めた。ここハウスの方におむすびの弁当を作って貰っていた。**涼しい島風、静寂、風の音だけ**。ヤギは相変わらず草を食べている。「メェ～」と私達が言ってもヤギ達は遠くからこちらを見るだけで近寄って来ない。

何処からか若い女性がやって来た。ノートを持っている。島に来た感想などを書いて下さいと言う。何と宮国さんの弟さんのお嫁さんだった。二十代だろう。健康色で笑顔がいい。シホさんという。ノートには半分位記入されていた。シホさんは愛知県出身だという。ヤギ、牛、鳥が好きで、三年前に結婚して此処に来たそうだ。その前は宮古島で働いていましたと言った。

さっき見た朱色の鳥の事を言ったらそれは**アカショウビン**でしょうと言われた。近くに来てよく鳴くという。電気は多良間島から来ている事。水は雨水を浄化していることなどを知った。ケータイはauだけ通じる。島の最盛期には二百人が住んでいたそうだ。

そう言えばこの広場は昔、小・中学校の運動場だった面影が有る。鉄棒がある。広場は芝刈り機で丁寧に刈り取ってあるようだが全部ヤギさんが食べてくれるので何もしなくていいそうだ。ヤギが増えすぎて困る時があるそうだ。年に二回、二匹ずつ生まれるそうだから。野生のヤギが増えると網で囲って捕まえて多良間島の業者に渡しているそうだ。

ヒージャー汁（ヤギ汁）になるのだろうか。そういえば以前、多良間島産のヤギは美味しいという事を聞いた覚えがある。

広場の入口付近に建設中の鉄筋の建物があった。津波避難の塔で十三メートルだそうだ。島にはリピーターの旅行客が多いという。

テレビ取材の依頼があるけど断っていると言う。海が荒れる時が多く、特に冬場にはいつも荒れていると言う。海が荒れると船で迎えに行けないからだそうだ。水納島に船で向かっている時、濃い青の海の色は外海と同じという事だった。水納島は多良間島から北西約８㎞で、何時でも直ぐに簡単に行ける島だと思っていたけどそうではなかった。郵便物は定期的に多良間島に取りに行き、宅急便は多良間島から連絡があり取りに行くそうだ。シホさんに今日は水納島に来られる一番良い時期でしたよと言われた。年寄りだけの淋しい島かと思っていたら、何処よりも若い、これから芽が出る若い島だった。海辺で遊んだ。島ゾウリに細かな砂が心地よい。何だか打ち寄せる波も心地よかった。

帰りの船には宮国さん兄弟とシホさんも乗った。シホさんは多良間島のＡコープでお買いものがあるという。

「自家用船で買い物に行くなんてゴージャスですね」

とくっにーが言ったら笑っていた。宮国さん兄弟に多良間島空港迄送ってもらった。「飛行機から多良間島と水納島がきれいに見え念願の南の島を満喫し、さようならをした。

宮古島空港に戻った。

明日の福岡へ戻る便に乗るので夕食は沖縄・離島の全島巡りの完結祝いを考えた。

宮古島のアラマンダの「スターダストガーデン」でパンケーキを食べるのを考えていた。

くっにーはそこでピザとパスタをたらふく食べるのを考えている。しかし、アラマンダに着くとパンケーキはランチのみだった。悲しい。パスタはアルデンテより少し硬めだったがくっにーはこの位の堅さがウマイと喜んでいた。

お腹一杯になり駐車場から見上げると最近福岡ではほとんど見えないのに沢山の星が見えている。時が冬だったら念願のカノープスが南の空に光っているはずだ。あの南の方角の十度の所に見えるはずだ。パンケーキとカノープスが又おあずけだ。

翌朝、午後二時の便まで時間がある。以前食べた**すむばりそば**が食べたい。柔らかく美味しいタコが沢山トッピングされている。ホテルからそのすむばりそばを目指して、まだ少ししか走ってない時くっにーが、「**人頭税の石**があるよ」と言った。人頭税の石は見た事が無かったので早速車から降りた。丁度、小学生三，四年生ぐらいの高さの石柱が立っていた。これだったのかと眺めた。説明が書いてあったのでデジカメで撮った。それには、次の様に書かれていた。

人頭税石（にんとうぜいせき）

『大正十年に宮古を訪れた民族学者・柳田國男は「海南小記」の中でこの石柱を「ぶばかり石」と称し、「この石で背丈を測って石の高さに達すると税を賦課された」との伝承を紹介しています。

千六百三十七年、琉球王府は先島（宮古・八重山）に人頭税を施行しました。

この税制は頭数（人口）で基準の税（粟・織物）を賦課するもので役人の見立てにより税をおさめさせられましたが、千六百五十九年には、頭数の増減に関係なく「定額人頭税」となり、更に千七百十年には年齢（十五才～五十才）を基準として（男は穀物・女は織物）の賦課がおこなわれるようになりました。

この人頭税制は千九百三年（明治三十六年）一月一日の新税法施行に伴って廃止されました。

何故、この石柱が「ぶばかり石＝人頭税石」と呼ばれたのか定かではありませんが人頭税が年齢制になる以前、即ち、役人の見立てで税を賦課されていた頃、あるいは、それ以前に「あの石の高さ程になると、税を賦課される」という目安のようなものであったかも知れません。今日、この石柱については「人頭税石」のほか「屋敷神」「陽石」「図根点」など、多くの説が出されています』

平良市経済部商工観光課

すむばりそばは、五十席ほどが十二時には満席になった。私はすむばりそば、くっにーはタコ炒め定食を注文した。タコにもいろいろ事情があるのだろう。今回のタコは初めて食べた時の柔らかさがなかった。少し残念。車で走りながら、宮古島は九月の初めだがまだ大きい入道雲がもくもくと浮かんでいる。

福岡ではもうスジ雲がそろそろ出る頃だと思った。


沖縄・離島巡りが全部終わった。沖縄・離島の有人島46島を全島巡る事ができた。沢山の綺麗な海や風景を見せて貰った。沢山の触れ合いが有り、沢山の想い出ができた。沖縄のディープな部分も少しは知る事ができた。ますます沖縄が好きになった。くっにーは、これからは沖縄・離島の「伝統芸能や、お祭り巡り」をしようと言っている。又、忙しくなりそうだ。

沖縄の食

「東大」のトンソク

今迄絶対食べられなかったのに沖縄に行ってから食べられるようになった物にトンソクがある。深夜十二時に初めて食べた。

それは照屋先生のライブの夜だった。先生に打上げに連れて行って貰った「東大」（那覇市安里）という店。先生の奥様と、三線を習っている人達で行った。十二時近いからもう客はあまりいないと思ったのに中はやっと席が取れた。ガヤガヤと沢山の客がトンソクを食べている。先生は美味しいよと言ってトンソクを注文した。今迄トンソクがニガテで食べられなかった私は、

「お腹は空いているけど、トンソクは無理だ！」

運ばれてきたのは親指の太さで、親指の長さ、つまり五センチくらいの、かりんとうの色の様なトンソクがフライパンにびっしり敷き詰められて焼かれ、それをお皿にそのまま丸くひっくり返して盛り付けてある。

先生はパクパクと食べ始めた。何か美味しい香りがする。かりんとうみたいだから一つ取ってかじってみた。何だか美味しい。香ばしい。沖縄の「東大」のトンソクは美味しかった。店の奥のテーブルを見ると、大きなタライの様な入れ物に、かりんとうの大きさの物を煮込んで味を付けた様なトンソクが山盛りに積み上げられていた。これを焼いているのだ。私達が店を出る頃もまだ客はあふれていた。のれんをくぐって店を出る時に入れ替わりに又、客が入って来た。

私がどのくらい「東大」のトンソクが好きになったかと言えば、次回沖縄に行った時、くっにーにトンソクを食べに誘ったことだ。夕食に「東大」のトンソクと決めて行った時、店は休み。残念、又の機会にと帰った。

食べたい気持ちが募っている。今度こそはと出かけた時、シャッターが閉まっている。また定休日かなと、小さな貼紙があったので見ると、「九時半ごろ開けます」と書いてある。夜の九時半である。夕食のつもりだから九時半ごろまでは待てない。又、食べられなかった。九時半ごろ開けますだから、きっと十時くらいになるかもねと諦めた。

その後やっと一度だけ食べられる機会があった。くっにーは、もうひとつの名物のおでんを食べた。私はトンソクをパクパク味わった。

沖縄の豚肉には甘さがあるようだ。沖縄市松本に居た時、豚丼を作ってみて分かった。本土の味と比べると、昔食べた豚肉の味がする。食べた後、幸せ感がくる。スーパーの豚肉コーナーには驚いた。沖縄市松本のスーパー「ユニオン」で豚肉を買う時、私は百～二百グラム買いたいのに小さいパックは、数が限られている。一キロ位の塊がゴロン、ゴロンと山積みである。

鶏肉のパックは、やっと捜して見つけるくらい少ない。

特売の日だったのだろう。大勢の主婦が我も我もと豚肉の一kg位の塊をいくつも袋に詰めこんでいる。「美味しいけど、そんなにはいらない」と私は思ってしまう。「この、豚肉の塊が沖縄の元気の素かも」と思った。

スーパーで買い物をしていると小さい子が私をジーッと見る。

「何か珍しいものを見つけた」

という風に、ジーッと見る。

小さい子に会うといつもである。娘が宜野湾市にいた大学時代、私はスーパーに行ってもジーッと見られる感じはなかったが、沖縄市ではとても感じた。「何なの、私ってそんなに変」と少し嫌な気持ちになった。レジの女の子達がきれい。本土ではテレビタレントで通用するくらい目鼻立ちがいい子が多い。そして、健康色の肌。太っている子以外はほとんどキレイ。不思議なくらいだ。それに比べると、私の顔は白っぽく、のっぺりとしているから小さい子には不思議な人種に見えるのかも知れない。子供は正直だから。


しばらくして、私は沖縄市で、「あっ、本土から来ている人だ」と見分けがつくようになってきた。沖縄人（ウチナーンチュ）に比べると、健康そうに見えない。くすんだ肌の色で分かる。

「あっ、子供の所に来たんだな、私と同じだ」と可笑しくなる。沖縄市では、本土から来たと思われる人はあまり見ない。那覇市よりかなり少ない。


そういえば、こんな事を思い出した。娘が大学一年の時、帰郷して、

「福岡の人は、やせ過ぎで病気みたいだよ」と言った事がある。その時は、「そうかな？」ぐらいに思って聞いていた。同世代を見て言ったのだろう。今では、とっても同感できる。私が、島人（シマンチュ）が健康そうに見えると思ったのはこの事だった。娘も気がついていたんだ。顔色そのものが健康色なのだ。もう一つ気になる。腰の曲がったおばあを見ない。歳をとってもスタスタと歩いている。

これはなんなのだ！

娘の話だが、おばさん、おばあさんを診察する時、「失礼します」そう言って乳房を持ち上げて聴診器をあてるという。みんな豊かな胸であると言っていた。これらは豚肉の力なのか。

もずく

福岡と沖縄を行ききして健康に見える、見えない、その差は、太陽と食事だと思った。昆布、もずく。特に、もずくを多く食べているように思う。

沖縄で、「おかず」と書いた看板が目立つ。そして、必ず、「もずくてんぷら」がある。店によって、かなり出来上がりが違う。

もずくの「食感」を生かしてあるのが美味しい。あつあつの「もずくてんぷら」は止められない。

南城市**奥武島**にある**「中本てんぷら屋」**のもずくてんぷらは最高。いつも行列が出来ている。カリッと揚がっていて、しかも安い。いつも食べ過ぎて夕食が食べられなくなる。

でも食べたい。ほかの店のは、微妙に油っこい。

その中本てんぷら屋まではかなり遠いので、「中本てんぷら空港店」があるといいなぁと思ってしまう。

その後、沖縄の糸満市で、沖縄在住の今西夫妻と会食をした。奥様のマキちゃんとは、三線仲間だ。夫妻が福岡に住んでいた時、マキちゃんやミチコちゃん、チカちゃん、ナオミちゃん達と老人施設でのボランティアの三線演奏に一緒に出演したりしていた。マキちゃんの両親は久米島出身である。

その席に、もずくの酢のものが出た。福岡で食べていた今迄のもずくの酢のものと違う。全然ちがう。一本一本に形がある。あまりの美味しさに、くっにーと顔を見合わせた。

糸満の居酒屋だったから、

「糸満のもずくは美味しい」と言ったら、

「これは久米島から送ってきたものを店で調理してもらったんです」

にこにこしながらマキちゃんは言った。わざわざ私達の為に久米島にいる親戚に頼んで送って貰って、お店に頼み出してくれたのだ。私達の驚きに、マキちゃん夫妻は嬉しそうだった。私は福岡では、もずくは身体にいいと言われるから食べていた。味わうというより流し込んでいた。もずくにもこんなに味や食感の違いがあると分かってビックリした。

ミーバイ

沖縄市松本に行っていた二年間、スーパー「ユニオン」で、おさしみは一回も買えなかった。九州玄海灘産の魚に慣れている私には、ちょっと手が出ないものが多かった。

ミーバイ（ハタの仲間）は良く買った。初めて出合った魚だが、みかけで、「これは煮ると美味しそうだ」という勘だけで買った。

照屋先生の曲**「ちょんちょんキジムナー」**に出てくるミーバイである。煮付けはこれにかぎる。三、四切れをパックにして売ってある。プリプリして美味しい。後で知ったが高いけど美味しいというのがこの魚らしい。値段が他より高いのが欠点だ。店頭に並ばない時期があった。

まだか、まだかと待ち遠しかった。娘も良く食べた。ミーバイの煮付けには、お豆腐を一緒に煮ることがあるが、娘に言わせると、島トーフがいまいち口に合わないと言うので、島トーフ以外のトーフを探して入れた。

とにかく帰りが遅いので、夕食はいつも、十一〜十二時になった。話をしながら食べると、直ぐに一時になってしまう。話はしたいが、睡眠も取らなくてはと忙しい。福岡でミーバイには出合わない。やや似ているのが福岡でのアラ（ハタ）と書いてある魚だが、ミーバイの方が細やかな食感だ。

まぐろ

本土でマグロの刺身はあまり好きではない。以前、静岡市にいた時（一年半）は一度もマグロを食べなかった。スーパーの魚コーナーのほとんどをマグロが占めていたのに。しかし何故か沖縄でのマグロは食べられる。冷凍していないからだと思う。キハダマグロ等の近海で取れるマグロだそうだ。

泊港の**「まぐろ食堂」**（那覇市港町一－一－九）に行くと、いつも満員である。特に本土からここを訪ねて来た人が多いように思う。私が頼んだ（まぐろづけ丼定食　九百円）には、マグロづけ、味噌汁、もずく、魚の酢のもの、つけものが付いてトレイいっぱいに運ばれてきた。くっにーが頼んだ（マグロ食堂定食　千二百円）にはマグロ刺し（赤身・中トロ）、マグロ天ぷら、まぐろステーキ、マグロ中落ち丼（生卵付）、味噌汁、もずくで、トレイいっぱいだ。

マグロづくしである。くっにーはとうとうマグロ天ぷらは残してしまった。

沖縄のマグロはやさしい味がする様に思う。本土のより柔らかいが味がある。ゆいレールの小禄駅の横にあるイオンの三階にある、くるくる寿司は沖縄のマグロが手軽に回っている。

ソーキそば

沖縄の「ソーキそば」が好きだ。レンタカーを借りる時、

「そんなに好きではないという人もいらっしゃいますよ」と言っていた受付のお姉さんがいたのでびっくり。「美味しいのに」

又、他の受付の人に
「どこのソーキそばが美味しいですか？」と聞いたら「**美里そば**が美味しい。家族で週一は行きますよ」私達は聞いたら、すぐ行く。美里は池武当から近い。近くを何度も通っていたけど知らなかった。すでに客が多い。運ばれて来た「ソーキそば」に別皿でフーチバが入れてある。フーチバはヨモギだ。熱々のソバに入れる。スープが特に美味しい。そのソバにゆしドーフを入れたのも美味しい。沖縄を二倍楽しめる。チエちゃん、ハルナちゃん、桐井君と沖縄に来た時、この店に一緒に行った。フーチバは、私は沢山入れない。ヨモギの味が強すぎる事になる。

沖縄市の**東南植物楽園**入口近くのソーキそばも美味しい。これも地元の人に聞いて知った。行くと地元の人ばかりだ。食べていると「何でナイチャーが居るの、珍しいねー」みたいな顔を

される。那覇空港の空港食堂のソーキそばも美味しい。待たずにすぐ食べられる。まちがいなく美味しい。もともと空港関係者用みたいだが、この頃は観光客が多い。

沖縄から福岡に帰る時、那覇空港では何故か日本ソバを食べたくなる。先日、空港四階の日本ソバの店に行ったら、二軒あるがどちらの蕎麦屋も満員だった。五、六年前までは一軒だったのが二軒になりどちらも満員とは面白い。しかも平日なのに。わざわざ沖縄で日本ソバを食べなくてもと思うのだが帰る頃には妙に食べたくなる。

なんでかねー

アラマンダのピザ

宮古島に行った時ドライブの途中に、

「アラマンダ」

の標識。食事の店らしい事がわかる。

「ヘビの名前の店！」と私は驚いた。

くっにーが言う。

「それはアナコンダ」

「アラマンダ」は広大な敷地を持った南西楽園のリゾートホテルで、その中にあるイタリア料理の店**「スターダストガーデン」**でピザを頼んだ。そのピザの美味しかったこと。海辺の高台で海を見ながら食べる。優雅な食事である。皆ゆっくりと食べている。くっにーはそのピザとパスタを食べに宮古島に行きたいと今でも言う。

アラマンダはキョウチクトウ科アリアケカズラといい、黄色い花の事だった。

石垣牛

くっにーは「肉は牛肉」と思っている。豚肉、鶏肉の事はあまり肉と思っていないようだ。

「中・高年ほど肉を食べましょう」

という新聞記事を切りとって私に渡す。そして牛肉の事ばかり気にしている。石垣島に行った時くっにーは石垣牛を楽しみにしていた。石垣牛を食べるのは初めてだ。石垣牛が有名なので、その種類のお店が立ち並んでいてどの店の、なにが美味しいのか分からない。石垣牛を食べに出かけた時、店から出て来たいかにも本土から旅行で来たと思われる女性二人づれに、「何が美味しかった？」「何がおすすめみたい？」と尋ねた。初めてのお店は、少し学習してから行くと、美味しい確率が当るからだ。

五段階ぐらいあり一番上の段階の物がよさそうなので頼んだ。石垣牛Ａ５ランクのサーロインステーキだ。シェフが焼く前の生肉を見せに来た。霜降りのいかにも美味しそうな肉である。

一口目はとろけるようで美味しかった。でも四、五口目はもう霜降りの脂が鼻についてお手上げだった。くっにーも私も少し残した。普段上等な肉を食べていない私達には上質な肉の脂で、私達の胃がビックリしたのかも知れない。

霜降り肉に憧れていたのが、霜降りの味を味わってみて赤身の肉の良さを見なおした。

それ以来、家ではヒレ肉や赤身をステーキにしている。

那覇市で、タレントの**中尾彬**が言っていた店「**ジャッキーステーキハウス**」（那覇市西一丁目）には時々行く。壁という壁に有名人の色紙がびっしりと貼ってある。大勢の人がいつも並んで待っている。駐車場はいつも満車なのでタクシーで行くのがよいと思う。ここは霜降り肉ではなくアメリカンビーフだ。

くっにーは分厚いステーキにＡ１ソースと黄色い和がらしをたっぷりかけて御満悦。私はステーキは頼まない。いつかハンバーグのダブルを頼んだらお腹一杯だったので、Ｗは次から止めようと思っている。お肉とスープと野菜でお腹一杯になる

くっにーはテレビで美味しい店の紹介番組が好きだ。御飯を食べた直後でもタレントの**石ちゃん**（**石塚英彦**）が「**まいう～**」と言うと、お店のメモを取って、「行きたいなぁ」と言っている。

先日のテレビ放送は沖縄のステーキの店の紹介だった。テラスで石ちゃんと**安住アナ**がステーキを食べている。何処か見たような景色が写っている。

そこは沖縄に行った時よく通る道にある店のようだ。白い入口がお洒落だったので気になっていたお店だ。ジャンボステーキで有名らしい。早速行った。

パブラウンジエメラルド（沖縄県中頭郡北中城字島袋311）**ジャンボステーキの店**。窓の外には沖縄の緑が広がりホッとできる。くっにーはステーキを何グラムにするか迷っていた。しかしステーキは三五〇グラムと決まっていた。食べられるかなとちょっぴり不安げだった。

テーブルに持って来られたステーキはジュウジュウ音がしていて、初めはタップリのおろしニン

ニクをのせて食べ、次はレモンそして最後はワサビで食べると美味しいとスタッフが教えてくれた。くっにーは全部をペロリとたいらげた。この店の肉はオージービーフとの事だった。

私はハンバーグステーキを食べた。大きいと思ったが美味しかったので全部食べた。

会計の時、念の為にハンバーグステーキのグラム数を聞いたら、三二〇グラムだった！それを聞いてそんなに食べられたのかとビックリした。

骨汁

美味しいと聞くと行く。どうしても食べたくなる。

チカちゃんが沖縄に滞在している時、「**だるま食堂**の骨汁は美味しいよ」と教えてくれた。住所を聞いてカーナビに入れ準備万端だ。だるま食堂（沖縄市山里）の骨汁は、聞いていた通りにドンブリに山盛りだ。その上に茹でた緑のレタスが乗っている。テーブルのあちこちで地元の人達が骨汁を食べている。

「二人で一つ頼めばいいかも。とにかく山盛りなんだから」チカちゃんに聞いていたのでそうした。美味しかった。骨汁のファンになった。伊平屋島に行く時、船の時間待ちで食堂を探した時、「**くろちゃん食堂**」で「骨汁定食」を私が頼んだのでくっにーが驚いていた。

くっにーはそこまでは、好きではない。

最近チカちゃんが新しい情報を教えてくれた。もう一軒骨汁の美味しい店があるという。それは北谷にあり、午前中に行かないと売り切れになるらしい。

朝食を少なめに取り、出かけた。

その**「がじまる食堂」**(中頭郡北谷町上勢頭)に近づくと店の周りにすでに車が沢山駐車している。

店の名を確かめ急いだ。中はすでに骨汁を食べている人が多い。大盛りの骨汁を美味しそうに味わっている。

スープの美味しい匂いが漂う中で、

「骨汁二つ下さい」

「あの・・・もう一人分しかありません」

「一つでいいです！　下さい」

時計を見た。午前十一時三十九分だった。最後の一杯に間に合った。

私が頼んだ後、「骨汁終わりました」という貼紙がはられた。その後も店に客がどんどん入って来る。ナイチャーもかなりいる。骨汁が目当てと見うけられる。何故かといえば凄くがっかりした顔をしている。座敷席のカップルのお兄さんは、すごくガッカリしたみたい。

足を投げ出してふてくされていた。店に来るまできっと美味しさを語っていたに違いない。

くっにーは何を食べたのか覚えていない。

満腹で店を出た。

バリバリ・・・グオーン・・・

バリバリ・・・グオーン・・・

二機の戦闘機が頭上を飛んで行った。

アバサー汁・あひる汁・ヤシガニそば

アバサー汁に初めて出合ったのは、娘と泊まった万座ビーチホテルの沖縄料理のバイキングだった。沢山の沖縄料理が招いている。スープも欲しくなり、見るとアバサー汁やアーサー汁がある。

迷っていると美味しい香りがアバサー汁のほうから来る。アバサーは、ふぐのハリセンボンだ。トゲいっぱいのハリセンボンをどうやって料理するのだろう。料理のおじさんが鍋の底の方からすくって入れてくれた。スープの中にふぐのぶつ切りが入っている。トゲのかけらは入っていない。味はトラフグの河豚なべと同じような食感だった。スープはみそ味だった。

くっにーと黒島に行った時、食堂に入り、私は普通に「アバサー汁」を頼んだ。くっにーは、「何それ」と驚いていた。という事はまだナイチャーにはマイナーな料理なのかな。

プーンとフグの香りがして美味しい。

「アバサー汁」を味わっていると、「ヤシガニ入りそば」を頼んでいる人が多い。ここの店のヤシガニ料理は美味しいのかな。以前、私達が沖縄本島で初めてヤシガニを食べた時、それはボイルしたヤシガニだった。見かけとちがってぱさぱさしていた。お尻の部分に入っているたっぷりのカニ味噌は味が濃すぎて少し食傷気味だった。

ヤシガニは「ヤシガニ入りそば」のようにスープと一緒だったらいいのかな。

くっにーも「ヤシガニ入りそば」を頼んだ。以前食べたヤシガニよりカニ味噌がしつこくなくて美味しいと喜んでいた。

沖縄市比屋根あたりに**「あひる汁」**の店**「きらく亭」**（沖縄県北中城村島袋）がある。ここの店も昼時ではあったがすでに満席状態だ。あひるの顔が浮かんでくる。鳥の仲間だから普通に鳥肉と思うけど気になる。出て来たそれはすまし汁の中に少しの肉が入っていた。薄いすまし汁みたいだ。くっにーは味が薄すぎると言っていた。上品な味といってもいいかな。

「ミーバイのマース煮（塩煮）」も頼んでいた。大きめの魚がドーンと盛り付けてある。二人で食べきれなかった。もちろんご飯も大盛りだったから。

ジーマミドーフ

このトーフに初めて出合ったのはくっにーである。それまでは存在を知らなかっただけでスーパーにはいろいろなジーマミドーフが売ってあったようだ。

ジーマミとは地豆、つまりピーナッツで作ってある。ピーナッツドーフは、炒ったピーナッツで作るが、ジーマミドーフは炒らないで作ってあるようだ。だから真っ白である。たれをかけて頂くが、製造元によって味もタレも違う。私はゴマドーフをよく作るので、ジーマミドーフも同じ作り方だと思って材料が揃った時に作ってみた。残念な出来だった。

だから沖縄に行った時は必ず買って帰る。

私の一番好きなジーマミドーフは福岡の沖縄料理の店「がちまやぁ」のジーマミドーフである。粘りといい、素敵な器に入ったジーマミドーフは幸せの味だ。ジーマミドーフの上にのっているクコの赤もいい。

牧志公設市場

ここはいつ行っても人がいっぱい。くっにーはここが大好きのようだ。ここに来たら全部を見てみたい様に歩き回る。くっにーは説明をしながら歩き回る。同じような店が並んでいて広く見えるが一つ一つの店は狭いらしい。肉屋、魚屋が沢山ある。内地からの観光客でいつも混雑している。

魚の店は活きが良い魚が山ほどある。青い虹色の魚がいつも目に付く。美味しいらしいが・・・。魚屋の店先に並んでいるイセエビの長いヒゲをちょっと引っ張ったりしてくっにーに付いて行っている。沖縄言葉が飛びかっている。この場所で楽しげに私は聞いている。

肉の売場で、いつもサングラスをかけた豚の顔に出合う。気になるのでちらちらと見るがじっと見た事はない。映画「紅の豚」の顔に似ているとこの頃思った。

顔見しりになった店でくっにーはイセエビとノコギリガザミとタカセガイとシャコガイを選んだ。料理の方法を店の主人と話して刺身や味噌仕立て等と決め、二階のテーブル席で待つ事になる。少し待つとノコギリガザミが真っ赤に茹でられてきた。今回のカニはいつもより小さめのカニしかなかった。二人で半分ずつをつついていた。暫らくして、私達の所へ大きな舟盛りの刺身がやってきた。しかも椀からはみ出た真っ赤な色のイセエビの味噌汁もきた。懇意になると舟盛りの刺身には頼んでいない魚の刺身がサービスで付いてくる。なんとなくリッチな気分だ。また二階には沢山の食堂がありメニューも盛りだくさんある。

いつか沖縄ならでの**「ナーベラー（へちま）定食」**を食べた時もこのざわざわとした公設市場の二階だった。

イマイユ

沖縄に初めて行ったのはくっにーだ。その時、「(イマイユ) と書いてあったけど何だと思う」という。何の事か全然分からない。

取れたての魚という意味らしい。沖縄の言葉で、この言葉は分かりにくかった。

・・・・

もう何回も沖縄に行っている私だが、この看板を見つけると何だか可笑しくなる。伊江島でも、「イマイユの店」伊江漁港、女性部の店、電話注文承ります。と大きく書いてあった。何だかとても新鮮な魚に感じる。

「魚屋」「さしみ」の看板より新鮮に感じる。

おかず

沖縄には「おかず」の店が多い。遠くからでも分かるように赤い旗などに「おかず」と書かれ島風に揺れているので良く目立つ。

おいしいと思われる店の前には何台も車が停まり、人が溢れている。店の人も客も元気が溢れている。

私達もよく行く。衣がかなり付いた揚げものが並び、どんどん売れている。沖縄料理の**「クーブイリチー」**や**「パパイヤの炒め物」**等も手軽に食べられるようにパックに詰めてある。又、正月でもなく、雛祭りの時期でもないのに、つきたてのモチ、ひし餅みたいなモチがならんでいた。

色つきのハデなモチが美味しそう。本当に美味しそうな物が並んでいる。

くっにーは、美味しそうなものが沢山並んでいるのでつい、あれもこれもと買って食べきれなくて残してしまい、買いすぎたと反省している。

私も時々買いすぎて、失敗したと思う事がよくある。

黒糖

離島に行くと一つの島に一つの製糖工場がある。島ごとに微妙に味が違う。黒糖が好きだから沖縄から帰る時は必ず買って帰る。
平成二十五年十一月、新聞を見ていたら、
サトウキビ命綱の離島ー
TPPに危機感「全滅」試算も
私はびっくりした。しかも、南大東島のサトウキビ農家の濱里保之さんは呟く、「サトウキビが終わる時は、この島が終わる時さ」と載っている。
二つ驚いた。
一つは、濱里保之さんは「アバヨーイ」の歌を作った人ではないかという事。
もう一つは、サトウキビがそんな目にあっている事を。
記事の中に、波照間島の人が言っている。
「三十年ほど前にカボチャやスイカをつくり始めたが、毎年のように台風の被害に悩まされた。

無事に収穫できても、船で石垣島に、さらに飛行機で那覇に運ぶと、運送コストが高くつく。外国産どころか、他の沖縄産にも価格で勝てなかった。最後までつくり続けたメロンも、台風でビニールハウスがすべて吹き飛ばされてやめた。借金だけが残り、サトウキビ栽培で生きていくと決めた。毎年五十万円を返しているがまだ完済していない」と載っていた。

暑い地域での労働、ハブなどの危険の中での労働。干ばつや台風で毎年のように生産量が上下するという。

そういう中で出来上がった黒糖。島ごとに味や香りが違う。いつまでも沖縄や離島の黒糖を食べたい。今迄通りではいけないのだろうか。サトウキビ畑を何も知らずに眺めていた事を申し訳なく思った。

クーブイリチー

これを食べると落ち着く私。切り昆布と豚肉がメインで入っている。昆布の炒め煮だ。

「NHK連続テレビ小説ちゅらさんの沖縄家庭料理」という本に沖縄の料理が沢山載っている。クーブイリチーは、その本を参考によく作る。

切り昆布、茹でた豚三枚肉、生しいたけ、かまぼこ、酒、みりん、砂糖、醬油が材料だ。豚の茹で汁を加えて煮るが、茹で汁は冷まして豚の脂を取り除いてから使うので、豚の旨味だけが残っていて美味しく出来上がる。豚肉の美味しい物が手に入ると、豚肉の甘みが感じられてとても美味しい。沖縄では昆布は取れない。でも昆布の消費量は日本で一、二を争う量だそうだ。

この料理本の解説に**藤木勇人**《ふじきはやと》(元りんけんバンドのメンバー)さんが、

—昆布にまつわる壮大な歴史—があるということを語っている。

「琉球王朝時代に、薩摩藩が琉球を通して当時の中国と貿易をしていて、その貿易品の一つが昆布だったそうで、中国人は昆布をすごく重用していたそうです。

薩摩藩はその貿易で、莫大な金を儲け、それが倒幕までつながったという話を聞いたことがあります。それが事実なら、昆布もその一役を担っていたという事ですが、沖縄ではそんな事も気にせず、ただひたすら昆布を美味しくたべています」

と。私も、ただひたすら食べている。

フーチバジューシー

沖縄で良く食べられているフーチバジューシーとかフーチバジューシーボロボロを食べてみたいと思った。「そうだ! 同時に二つを注文してみたらその違いも分かるだろう」私達はきっと牧志公設市場に行けば良いかもと思った。やっと二階の一番奥の店に行けば有るらしいと教えて貰った。

「がんじゅう堂」その店の人に聞くと「これがジューシーですよ」と大きい炊飯釜を見せてくれた。美味しそうな炊き込みご飯が入っている。「フーチバボロボロはメニューに有りますか」と聞くと、

「このジューシーからボロボロを作りますよ」

「これにスープを足して作りますよ。今メニューには有りませんが」と店の人は言った。各家庭で色々な材料を使うらしい。ジューシーを一つ注文して他にソーキそばを頼むことにした。

「ジューシーを一人前下さい。そしてソーキそばを二つ」注文した。

店の人は言った。「ソーキそばにはジューシーが付いてきますよ」

「そ・・・・・」

沖縄の付いてくる文化を目の前で見た！ソーキそばと一緒に小さめの茶碗に盛られたジューシーは沖縄の味を味わえた。以前ホテルで食事をしていた時、おじさんがスパゲティを注文していた。運ばれてきているそれを見てくっにーが言った。

「スパゲティにトーストが付いて来ているよ！」

笑いそうになった。いつかテレビで沖縄では、パスタを注文すると食パンのトーストが付いてくると言っていたので見てみたいと思っていたからだ。

付いてくる文化は嬉しいがスパゲティにパンは要らないと思うが、若い人は感激するかな。

ティラジャー（こまがい）

牧志公設市場の二階の店でジューシーとソーキそばを食べている時、隣の席で内地の人と思われる四，五人の若い人たちが食事をしていた。一階で魚などを選んで二階で料理して貰うやり方で食べていた。何気なく見ていると、今迄見た事のない巻貝を食べている。その巻貝はチョココルネの形で大きさはギョウザの大きさだ。チョコが見える部分がベイゴマに見える。身は側面からつまようじで引き出して食べる貝だ。

くっにーは貝が大好きだ。早速一階の魚売り場へ急ぐ。魚屋さんに聞く。「今うちには無い」馴染みの魚屋さんたちの所に全然ない。無かったら諦めるしかないと一番奥まった所の今迄行った事が無かった魚屋さんに行った。「あるよ」ティラジャーというそうだ。今の若い人は沖縄でもこの呼び方は知らない人が多いと店主のオバァは言った。こまがいとも言うそうだ。何と十五個ほどあった。沢山入った貝をこれは注文だからと見せてくれた袋には五十個ぐらいの貝。きっと美味しいに違いない。

食事した後だからどうしようか迷った。次の機会に貝があるか分からないという。ホテルで食べる事にした。

「茹でてあげるよ、十五分位ぶらぶらしておいで」と言われた。牧志公設市場の外の路地裏をブラブラ歩いた。観光客はあまり奥へは来ていない。洋服屋さんばかりが多い。五百円~千円位の洋服が沢山売られている。少し良いなぁと思えるものを見ると、それは高価だ。客は沖縄のオバァが多い。初めてのティラジャー、ホテルで食べた。花マルだ。美味しい！快く茹でてまでくれた。今度から魚もあの店で買おうねと決めた。

ヤギ汁（ヒージャー汁）・フーチバジューシーボロボロ

ヤギのミルクは美味しい。甘くて砂糖が入っているようだ。幼い時ヤギを飼っていたおじさんが近くに住んでいてミルクを時々貰った。私はそれ以来ヤギの事は忘れていた。

くっにーが福岡で沖縄県人会の集まりに行きミチコちゃん、チカちゃん、マキちゃんやナオミちゃんと三線演奏をして、そこで食べた「ヤギ汁」が美味しくて三杯も食べたと言っていた。

ヤギはミルクだけで、食べるものとは知らなかった。

那覇市の**「山羊料理のさかえ」**(沖縄市牧志三‐十二‐二十)に友人と行ったことがある。民謡酒場に行った後だったので、夜十二時に近かった。

「山羊汁」はもう売り切れていた。ヤギ肉の炒め物などを食べた。初めての味は「肉なんだ・・」と思った。深夜なのに店はごったがえしていた。

くっにーは私に山羊汁を食べさせたいと何時も言っていた。

沖縄市の近くにある**「南山」**というやぎ料理屋(北中城村島袋)に行った。山羊汁にはフーチバとおろし生姜と塩が一緒に出て来た。フーチバが三十センチ位のザルに山盛り。山羊汁は臭み等なくササミのような肉だった。この店も満員だった。「山羊汁定食」を食べている人が多い。

なんとメニューにフーチバジューシーボロボロがあった。早速頼んだ。結構長い時間待った。そんなにかかる料理かなと思っていると、ラーメンどんぶりの様な大きな碗に、お粥の様なこぼれそうな量のフーチバジューシーボロボロがきた。これがフーチバジューシーボロボロなんだ!

「どうしてボロボロなのですか?」

食べる時にぼろぼろこぼれるからよと女将さんが言った。おむすびをぽろぽろこぼさないで食べていた私達には面白い表現だと思った。

NHK連続テレビ小説「ちゅらさん」の料理本に、

「沖縄独特のご飯ものには菜飯（セーファン、汁かけご飯）のほか、ジューシーと呼ばれる炊き込みご飯・雑炊があります。炊き込みご飯はクファジューシー、雑炊は、ボロボロジューシーといい、行事食や、具合の悪いときのために薬効のある食としても食べられています」と書いてあった。そういえば、牧志公設市場の**がんじゅう堂で**ジューシーの説明に、「クファ・・・」と言われた時、

「あれ、またわかんない言葉が出て来た！」

と思って聞いていた。これがクファジューシーと言われていたのだといま気が付いた。

那覇空港の「わしたショップ」で「海人のモズクスープ」を買った。二度目だ。以前簡単炊き込みご飯のレシピが付いていたので作ったら美味しかったので又買ったのだ。

出来上がりをいそいそと待ち蓋を開けたら驚いた。ごはんつぶが固い。前回と同じ様に作ったのに、今回はモズクのとろみが強かったようだ。モズクの個性だからしかたがない。それにしても三カップも作ったので勿体ない。

「よし、ジューシーボロボロに成るかもしれない」一カップ分ぐらいの失敗作に水分を加えことこと煮た。「ジューシーボロボロが出来た！」

しいたけ、人参、豚肉、モズクを入れて作っているので美味しく、そして身体がぽかぽかと暖まってきた。しばらくジューシーボロボロを食べた。ある昼食に、くっにーが言った。

「又、食べているの」

「・・・・うん、だって美味しいんだもん」

小鳥の為の木の実

首里城を見学した。二月の初めだが太陽が顔を出すと帽子がいるようだ。外国の言葉が色々聞こえて来る。中国・台湾・韓国・アメリカ等などの人が多い。首里城の正殿に近い系図座、用物座、下之御庭で「舞への誘い」があっていた。以前来たときは大きな行事の時だけ古典舞踊などが庭園で有っていたが、最近は公演日として水・金・土・日曜日・休日と書いてある。

「かぎやで風《ふう》」「谷茶前《たんちゃめ》」「四《よ》つ竹《たけ》」「貫花《ぬちぱな》」などの舞いが見られた。何時見ても美しさに見とれる。

裏庭を通って帰る時、大きな木がある中に、際立って大きな木があった。幹の色が少し赤身がかっていたのでアカギをあまり知らない私がアカギかなと言っていたら近くにいた沖縄衣装の門番のおじさんが、「それはアコウです。ガジュマルの仲間です」と笑っていた。アコウの木の小さな枝には緑色の木の実が胡椒の実の様にびっしりと付いている。枝を覆いつくすようになっている。その実は、だんだん紫色になるという。すぐ横にガジュマルの木があった。

アコウと仲間ならガジュマルにも似たような実があるかを聞いたら、

「ガジュマルの実を早朝からメジロの集団が来て食べている」と。

実がまだ青いうちから食べていると言われ実を探したが見つけられない。アコウの実よりガジュマルの実が美味しいらしい。人間より鳥が早く食べてしまうと言われた。ガジュマルの実は人も食べられるそうだ。

豆腐よう

くっにーが初めての沖縄行きの土産に買って来た。一つをつまようじで少しずつ食べるものだと言った。チーズの味がする。一つがキャラメルの大きさだ。私はとても気に入って沖縄に行く度必ず買って帰っている。バッグの中で壊れないように大事に持って帰る。それでも一個ぐらい角が潰れて無残な姿になってしまう。

少しずつでなくドーンと食べたら幸せかもと一個丸ごと一口で食べてみた。幸せでなかった。暫らくその味が嫌になった。少しずつをゆっくりとした気分で幸せ感に浸りながら食べると幸せに酔える。もちろん泡盛と一緒がいい。

ある時、地域の集まりがあり料理一品持ち寄りなので持参した。珍しいので皆の反応が楽しみだった。何故ならばこの赤色に慣れていない人が多いと思う。私が小さめの皿に一個ずつ分けているると、「なにそれ?」赤色に驚いている人と、「豆腐ようですか」と既に知っている人に分かれた。つまようじで恐る恐る食べている人が可笑しかった。

交易国家として栄えていた琉球王朝時代に「明《みん》」から伝えられた「腐乳」が元になったと言われているという。

熊本県の五木村に行った時、豆腐ように似ている物があった。豆腐の味噌漬けだ。千二百年頃に平家の落武者によって保存食として利用されたことが発端であると伝えられていた。

最近では伝統的な「とうふのみそ漬け」の他、シソや梅風味やスモークチーズ味のような食感の燻製豆腐、もろみで漬け込んだウニのような食感の「山うに豆腐」もあった。

伝統的な「とうふのみそ漬け」と「山うに豆腐」を買った。どちらも美味しかった。

アンダンスー（沖縄風肉みそ）

沖縄の肉みその事は早くから知っていた。食べた事がないのに、きっとこんな味だろうと勝手に思っていた。アブラミソと聞いていたので、わざわざ油を食べる事はしなくてもと思って、食べる事は考えていなかった。

ところが、「美味しい！」に出合った。

福岡の沖縄料理の店「がちまやぁ」。店主松本さんの奥様の玲子さんが、「食べてみて」と出してくれたフキノトウ入りアブラミソ。フキノトウの春の香りと独特の苦みがアンダンスーの甘みとコラボして最高の味だった。一段とお酒が美味しくなった。私と、くっにーは今年初めてのフキノトウだったし、私にとっては初めてのアブラミソでもあった。

フキノトウの季節が終わりに近づいて来ていたので、来年は私もフキノトウで絶対作ると決めた。今は春なのに来年の春の事を考えているのが可笑しい。私達は考えた。アンダンスーとアスパラガスのコラボ、アンダンスーと蕾菜のコラボ、アンダンスーとゴーヤのコラボはどうだろうかと。でも第一位はフキノトウ入りアブラミソだと思う。

「がちまやぁ」での付き出しに出る五品にいつもワクワクする。季節の物が必ず出て来る。玲子さんの手作りだ。素敵な器にのり、ハンダマの葉や長命草が添えられていて沖縄の味に更に浸ることが出来る。

「がちまやぁ」（福岡市中央区渡辺通5-14-10サトービル701）は、店主の松本さんと奥様の玲子さん夫婦で経営されていて、お二人の人柄がにじみ出ているような温かい雰囲気のお店だ。ドアを空けただけでフワッと温かさが身体を包んでくれる。とってもアットホームなお店で、十六席で満席だが、丁度その広さが家庭の雰囲気を醸し出している。

ここは沖縄大好き、三線大好きな人が多く来ていて、酒や美味しい沖縄料理に満足すると、お客さんの中から三線演奏が始まる。他のお客さんから手拍手も出てきて一気に沖縄ワールドになる。沖縄からプロの演奏家が時々きてライブも開かれる。壁一面にずらりと並んだいろいろな泡盛があり、七階の窓からは広がる空が見え、福岡に居ながら沖縄にいる様な気分になる。「がちまやぁ」にも沖縄にも、しばらく行かないと何だかとても行きたくなる。

なんでかね～

こっかーら

石垣島に行くなら、**「こっかーら」**（石垣市字大川八三九-一）に行ってみませんかと、福岡の沖縄料理店「がちまやぁ」の店主松本さんに紹介されて、パンフレットを貰った。ネーミングが何となく面白く気になった。

こっかーらは少し小高い場所にあった。こっかーらはお店の造りではなく、格式のある八重山の伝統的な造りの赤瓦の家だった。客間は十六畳の広い畳の部屋で立派な床の間があった。その落ち着いた雰囲気の部屋には私達二人だけの席が用意されていた。本格的な沖縄料理を食べられるという事でわくわくした。

付き出しにゴーヤ、ガーゼル、クワンソウ、島ラッキョウの漬物。ガーゼル、クワンソウが色どりもよく漬物になっている。泡盛は十二年古酒。小さな器でストレートで飲み、その後、グラスの水を飲む。

ゴーヤのジュレにパッションフルーツのジャムのせ。豆腐よう。ジーマミトーフ。

ミーバイのさしみに長命草とスーナ（サンゴの形の海草）の添え物。

ラフテーとゴボウの味噌仕立て。オオタニワタリ、アダンの芯、人参、昆布、大根、がんもどきの煮もの。色どり豊かな菜飯《せーふぁん》。菜飯にピパーチ（島胡椒）をかけて食べて美味しかった。

食事をしながらだんだんと濃くなる空の色を見ていると、海の色のグラデーションと似ていると思った。料理は全て御主人が運んでくれた。

「当家（宮良殿内）に伝わる献立書「膳符日記」を基本に先人の知恵を受け継いだ「八重山膳符」。素朴な深い味わいを大切にした伝統料理をゆったりとしたお部屋でごゆっくりとご賞味ください」とパンフレットに書いてあった。少しお酒に酔ったのかホッとして回りを見渡すと**八重山上布**のタペストリーがいくつか掛けてある。床の間に**首里王府からの任命書**を掛け軸にしてあった。

帰りのタクシーを待つ間、石垣島の夕暮れの島風が、お酒の少し回った頬を優しく撫でていった。

帰り道にタクシーのおじさんに、

「こっかーらはどんな意味ですか」

と聞いたら、**リュウキュウアカショウビン**の事といわれた。そして、

「あの「こっかーら」は宮良殿内の十三代の方の家ですよ。世が世であればあの御主人は石垣島の殿様ですよ」

と言われた。何と殿様に給仕をして貰ったという事だ。恐れ多かった。

ホテルに戻り「こっかーら」のパンフレットをよく見てみると、店主の生家である宮良殿内は市街地にあり琉球王朝時代、八重山群島で役人の最高職の一つである宮良間切の頭職になった宮良親雲上當演が千八百年代初期、首里の士族屋敷同様に伝統的な琉球様式に則り建造した私邸で、国重要文化財。

こっかーらとは、五～十月にかけて八重山の野山に響き渡る声でさえずり、コッカル～と聞こえる琉球アカショウビン（かわせみ科）の方言名。ときちんと書いてあった。

沖縄ちゃんぽん

福岡に住む私は**「ちゃんぽん」**が大好きである。地元の有名な食べ物だ。**長崎ちゃんぽん**との違いも直ぐに分かる。以前**「沖縄ちゃんぽん」**を食べた事があるくっにーが、

「沖縄ちゃんぽん美味しいから食べようよ」と言う。

「で、麺はソーキそばの麺なの？」

「丸い平たい皿に、御飯が広げてあって・・・」

「えっ、ごはん？」

「麺は無い。御飯の上に卵でとじた野菜炒めがのってる」

くっにーが食べたと言う**「ミッキー食堂」**（沖縄市中央3・1・6）に行った。八月暑い沖縄だが、台風の影響で少し風がある。


ミッキー食堂の沖縄ちゃんぽんは、丸い平たい皿に御飯を敷きつめて、その上に卵でとじた野菜炒めがのっていた。懐かしい味だ。おばぁちゃんが作ってくれそうな味がする。ハムの様な物も野菜炒めの中にありスパムかなと思って店主に聞いてみると、ポークランチョンミートだという。そして、ポークランチョンミートの缶詰を見せてくれた。一リットルの牛乳パックの大きさだ。これを小分けにして冷凍出来る事や、小さく切って水からコトコト煮ていくと、とても美味しいダシになり、これに野菜を入れて煮ると美味しいスープになると教えてもらった。店主は「ポークランチョンミート」と「チューリップ」の銘柄が自分は好きで「スパム」より気に入っていると言われた。これが沖縄ちゃんぽんの味を美味しくしていたようだ。

麺もスープも入ってなく、福岡で食べるちゃんぽんと名前は同じだけど全く違う物だった。

「沖縄ちゃんぽん」は沖縄の大衆食堂では、広く食べられているそうだ。私も沖縄ちゃんぽんを作ってみたくなった。

店の入口に、この店でロケが行われたというポスターが貼ってあった。**ガレッジセールのゴリ**さんがいる。良く見ると**照屋先生**も写っている。「**ロクな人生**」の映画ロケがこの店をメインに撮られ、照屋先生も出演されたそうだ。店主の女性が、「私もこの映画に出演しましたよ」と言った。第六回沖縄国際映画祭で公開されたという。内容は、東京に住む女性が沖縄市を訪れ、市民と触れ合う中で主人公の心が成長する様子を描いたらしい。心温まる内容で笑いもあり、コザの深い魅力がギュッと詰まっているらしい。見たかったなぁ。ＤＶＤも出る予定だそうだ。

港町食堂

地元の人に、美味しいビーフシチューが食べられる食堂が有ると聞いていた。**港町食堂**（那覇市港町１－１３－２３）前回十二時に店に行ったら、ビーフシチューは売り切れていた。諦めて帰った。今回は、台風がこようが行くと決め、午前十一時二分に着いた。十一時に開店していて、既に客が三、四組いる。ビーフシチューを早速頼んだ。待っている間、平皿の様な皿に入れた美味しそうな物が先客の所にどんどん運ばれていっている。ビーフシチューは深い器に入って来ると思っているので、その皿の物は何だろうと思っていたら、我々の所にもその皿に入れたビーフシチューが来た。これがこの店のビーフシチューだとびっくりした。卵の大玉ぐらいの大きさの肉が三個入ってソースがかかり、皮つきのフライポテト、ブロッコリー、マカロニが添えてある。サラダ、パン、スープが付いていて七百八十円だ。肉はテール肉の様な味がして、とても柔らかく、そしてソースがとても深い味だ。五十食限定だそうだ。食べている間も客が次々に入って来ている。

十一時二十五分には百席ぐらいある席が満席になった。十一時四十分にはビーフシチューは終了になった。ここでの人気はビーフシチュー、厚切りポークステーキ、ビーフステーキらしい。でも、もう一度ビーフシチューを食べたい。

石ちゃんと安住アナが2014年一月二十四日に「ぴったんこかんかん」の取材で来たというサインが貼ってあった。店を出ると駐車場がないこの店の横の道路には五十台以上の車が停めてあったのでびっくりした。

パヤオ直売店の食堂

泡瀬《あわせ》漁港（沖縄市泡瀬一丁目）にある、パヤオ直売店。ここは二度目の訪店だ。

一度目はイセエビ定食を食べた。泡瀬の海風に吹かれ心地よい時間だったのを覚えている。焼き立てでジューシーなイセエビが思い出され再び出かけた。昼ごはん時とはいえ、空いたテーブルをやっと見つけた。イセエビを選ぼうと思ったが、実物大の写真付きメニューが二十枚ぐらい貼ってあるのを見ると、どれも美味しそうなので困った。注文係のおばさんが、

「どれにする？」

と急かしているのが分かるが迷う。既に美味しそうにお椀の魚を食べているおじさんを見て、

ロは漬け用のタレがまぶしてあってとても美味しい。海の幸を味わえる。
を見たら私もそれが食べたくなった。キハダマグロ、ウニ、海ぶどうがのっていた。キハダマグ
くっに一もかなり迷っている。やっと、「ウニ、マグロ丼（千百二十円）に決めた」という。それ
「魚汁定食にしようかな」と思った。

急に言葉が分からない客が沢山来店してきた。

中国か韓国か台湾の人か分からないおばさんが四、五人私達の横の席に決めようとしていた。

「どこからですか」

日本語で聞いた。分からなかったようで首をかしげていた。

「チャイナ？」くっに一が聞くと、

「ホンコン」と聞こえた。

香港からのおばさん達もメニューで迷っていた。そのグループの中で通訳できるお兄さんがメモ片手に聞きまわっていた。イセエビ定食が人気のようで運ばれてきたらデジカメで撮りまくっていた。その様子をニコニコと見ていたらニコッと笑いを返してくれた。

首里城では多くの外国からの観光客を見たが、わりと観光地と外れた泡瀬のここで中国などの観光客を沢山見るのはびっくりした。美味しい所にはだれでも集まって来るのだなぁ。私達が食べ終わり、席を譲ったほうがいいと思い食べ終わった席のテーブルをティッシュでささっと拭いたら、横に居た香港からのおばさんに、

「アリガトウ」と言われた。日本語だったのでびっくりした。そして嬉しくなった。

ぶくぶく茶

以前首里城の近くで**「ぶくぶく茶」**を飲んだ。店の名前も正確には覚えてなく、何の知識も無く飲んだので、もう一度ゆっくり飲んでみたいと思っていた。

出かけて行ってみると何と定休日だ。

嘉例山房（かりーさんふぁん）「ぶくぶく茶」（沖縄市首里池端）と言い、店の入口に「ぶくぶく茶」の効能等を説明した物を貼ってあった。

説明は，

「琉球王朝が自らの歴史の中で育んできた茶道がある。

大鉢に煎米湯と中国茶、山原茶（緑茶）を注ぎ、茶せんでぶくぶくと泡を立てる。

泡の上から刻んだ落花生をふりかける。茶碗にこんもりと立った泡をズーズーといっきに飲み干す。沖縄の気候風土がうかがわれるダイナミックな茶湯だ。玄米はビタミンBやミネラルを含み常飲すれば知らず知らずのうちにスタミナがつく。後口さっぱり、食後のお茶に最適だ」と書いてあった。

もう一度飲みたい気分で出かけて来ていたので他に「ぶくぶく茶」をやっている所がないかナビで調べたらもう一軒あった。国際通りにあるらしい。

「カフェ沖縄式＆琉球珈琲館」（那覇市牧志1－2－26）

国際通りは台風が近づいているけど観光客が多い。古いタイル張りの階段を上って行くと二階に「カフェ沖縄式＆琉球珈琲館」があった。中も落ち着いた雰囲気だった。

私は「福来福来《ぶくぶく》珈琲」、くっにーは「焼き豆ぶくぶく茶」を頼んだ。どちらも五百四十円。

福来福来珈琲を頼んだのは、以前飲んだ「かりーさんふぁん」での、ぶくぶく茶が大鉢に山盛りだったので、あんなに沢山出てきたらきっと飲めないだろうと思ったからだ。店主の方がうちの「ぶくぶく茶」は本来の「ぶくぶく茶」をアレンジしたものです。

と説明された。

「違うのか・・・」

と少し不安になったが出て来たのは、コーヒー碗にこんもりと泡がのっている。下の方に香り高いコーヒーがあった。コーヒーだけの味とは違う美味しい香りが長く口に広がって美味しかった。くっにーの頼んだ物もコーヒー碗ぐらいの器にこんもりと泡立っていておいしそうだ。小さな小さな泡だ。「かりーさんふぁん」では客自身が茶せんで泡を作るやり方だったので、出来上がって出て来た泡には興味があった。


店主はエスプレッソ珈琲用泡立て器を使いふんわり泡立てるそうだ。自分では「泡」（バブル）と言うより洗顔フォームのようなので「フォーム」と言いたいけど外国人の客には、発音が（フォーム＝野球のホームベース）や、（ホーム＝家）と間違われると言って笑っていた。国際通りなので外人さんも多いので発音も難しいということだろう。

「カフェ沖縄式&琉球珈琲館」のパンフレットより

福来福来珈琲《ぶくぶく》

珈琲に大豆、黒豆、苦瓜、ウコン、月桃などをチャンプルー＝ブレンドしたぶくぶくコーヒー。沖縄伝統文化である「ぶくぶく茶」をコーヒーに生かしました。原料で身体を癒し作り方で心をもりつけ魂まで癒します。

焼き豆ぶくぶく茶

沖縄伝統のオリジナル焼き豆版。国産黒豆、大豆たっぷりを使用。焙煎したウコン、苦瓜、シナモンを加え泡立てました。コクのある味わいです。

店主は、最近では「ぶくぶく茶」を出している店はだいぶ少なくなって来ています。私が知っているのは、首里の「かりーさんふぁん」と**壺屋**にあるお店と、うちだけですと言っていた。

カタハランブー

くっにーが朝日新聞の記事にカタハランブーという沖縄の食べ物が載っているのを切りぬいていた。その記事にカタハランブーはサータアンダギーと関係があると書いてあったのでずっと気になっていた。カタハランブーを作って売っているおばぁの写真も大きく載っていた。

サータアンダギーの種類を多く売っている国際通りのお土産屋に行った時、カタハランブーを売ってあるか聞いたら、「それは惣菜屋さんで売っているよ」と言われた。

それで新聞記事に載っていた**「そうざいや　ときちゃん」**に行く事にした。那覇市安里の栄町市場にあるらしい。「トンソクの『東大』の近くだよ。ラッパーのオバァ達がいる所だよ」とくっにーが言った。栄町市場の中に入って行くと路地が幾つもあり、その何処も間口の狭い店がずっと並んでいた。くっにーが、

「何軒ぐらいありますか」と聞いたら、八百屋や乾物店、惣菜店等の店が百軒ぐらいあると言われた。「そうざいや　ときちゃん」をやっと見つけた。

朝日新聞の記事には、

『「そうざいや　ときちゃん」をのぞくと、おもしろい形の揚げ物が次々にできていた。長さ15～20㌢ほどの不ぞろいな楕円形で、見た目はせんべいのようだ。変わっているのは、半分は薄いのに、もう半分はぷくっと膨れている点。沖縄の伝統的な食べ物で、「カタハランブー」と呼ばれる。島言葉で、片方（カタハラ）が重い（ンブー）という意味だ。

小麦粉、卵、塩、酢、ふくらし粉を混ぜ、そのまま鍋で揚げる。具の入っていない、衣だけの天ぷらだ。口に運ぶと、きつね色に揚がった「羽」と呼ばれる薄い部分はパリパリ、膨らんだ方はもちっとした食感が楽しめる。素朴な塩味で、かめばかむほど味わいが増す。沖縄では、揚げ菓子「サータアンダギー」や、結び目をかたどった菓子「松風（マチカジ）」と三点セットで、結納や長寿の祝いの席に出される縁起物。ときちゃんを営む親川トキ子さん（74）は、気が向いた日に30～50枚揚げ、いつもほとんど売り切れる。「好きな人は好き。懐かしい味に感じるみたい」一枚60円。細く切って、味噌汁やチャンプルー（炒め物）の具にするお客もいるという。カタハランブーはその形が妊婦のお腹の形に似ているから安産祈願でも贈られたと言う』

と載っている。

「そうざいや　ときちゃん」には二人のおばさんが一坪位の店内で食事中だ。店先にはパックに入れた惣菜が二十種類ほど並べて売ってある。

「カタハランブーありますか？」

「今は無いけど」と言われ、その後「今は食事中だから」と言われた。

「後で作るから」と食事中のドンブリと箸を持っている。十分位待っていればいいのかなと思ったら、「二時間位後においで、今、食事中だからサー、そのあと作るからサー」

どうしようかと思っていると目の前の惣菜がたまらなく美味しそうだ。ソーメンチャンプルー、ナスの味噌炒め、切干大根炒め、煮付け（コンブ、大根、こんにゃく、厚揚げ）を買った。いずれも百円、二百円だ。まだ食べたいのが沢山あったが、そんなには食べきれないので残念だが諦めた。

栄町市場を後にして車を走らせていたが一時間経った頃、もう一度行ったら作ってくれるかもしれないと再び栄町市場へ行った。店に着くとおばさんは他にもカタハランブーの注文があったので作ってあげるよと言った。

二枚だけでもいいと言われたので頼んだ。中華鍋の鍋肌から生地をそっと流し入れている。低い温度で揚げていますよと言っていた。かなり長い時間に感じた。こんがりと揚がってきた。試食用にと熱々を手に持たせてくれた。ほおばりながらカタハランブーは羽根の部分のカリカリとした食感とふっくらした部分は昔懐かしい味がした。

新聞記事を持って行ってたので、おばさん達にそれを見せた時とても嬉しそうだったので、一時間後に「そうざいや　ときちゃん」に行った時、コピーをしてきておばさんに渡した。「店に飾るよ！」と、おばさんはとても喜んでくれた。

うりずん豆

沖縄市松本のスーパー「ユニオン」で初めて見た不思議な物に再び出合った。初めて見たのはユニオンの野菜売場だった。ニシキギの枝のようにヒダが付いた緑色の大型のエンドウ豆みたいな姿に食欲がわくはずもなく、「何ですか」と聞く気力も無くそのままに至っていた。今、白いベールの様な衣をまとい天ぷらになってお皿に乗っている。食欲全開だ。

「うりずん豆ですよ」と言われた。

くっにーが食べ始めた。

「ん？　何処かで食べた物に似ている！」

私は「ちょっと待って、言わないで。私も食べてみる」

「ん？　何処かで出合った食感だ！」

くっにーが言った。「オオタニワタリだ！」私も「そう！」

私達の感動を今西夫妻と店主は笑って見ていた。薄い緑色の姿は食感・味が石垣島の居酒屋で食べたオオタニワタリに良く似ていた。かすかな苦み、全体的にさっぱりとした味で癖がない。うりずん豆は美味しかった。これは、一年ぶりに会った沖縄在住の今西さん夫妻と会食した店での事だ。

居酒屋**「孝（こう）」**（那覇市東町18－9）は、今西夫妻の馴染みの店で、魚が美味しい事で評判だそうだ。マグロの赤身、トロ、ハマチ、鯛の刺身が美味しかった。

又、マキちゃんが用意してくれていた久米島産の天然モズクも出してくれ、歯ごたえのあるモズクにも感動した。久米島産の天然モズクには、なかなか出合わないからだ。マキちゃんはお土産として沢山のモズクを渡してくれた。

旧交を温めて店を出る時、店主に、

「この縄はもしかして・・・」と、くっにーが言うと、

「そうです。今年の那覇大綱挽きの枝綱です。どうぞ沢山持って行っていいですよ」と言われた。

ありがたく一本貰った。家に大事に飾っておく事にした。

「もう一軒行きましょう」と言う事で、直ぐ近くの**「柴田家」**（那覇市東町19－10）という店に移る。ここも今西夫妻の行きつけの店でマスターもママも優しくて感じが良かった。そこでマキちゃんが歌ってくれたカラオケの歌に胸がキュッとなった。その歌は、テレビドラマ「Ｄｒ・コトー診療所」の主題歌で中島みゆきの**「銀の龍の背に乗って」**だった。与那国島での色々な思い出と、Ｄｒ・コトーが自転車を走らせた南牧場線が瞼に浮かんだ。

ホテルにタクシーで帰る途中、車の窓から空を食い入るように見ていたくっにーが、

「よっしー、あれじゃないか？」

指差す先に、十五度位の高さに赤く輝く星が見えていた。泡瀬の街を見おろす高台にさしかかった時、暗い夜道に止めてもらった。車を降り二人で良く見つめた。波照間島の観測所で買った絵

葉書のカノープスの位置とぴったりだ。カノープスの上方にはシリウスも輝いている。少し赤みがかった色は間違いない。中城湾の上空に燦然と輝いている。

念願の星にやっと出会えた。広大な宇宙の素敵な星に出合えた。午前一時を過ぎていた。十一月後半の沖縄の夜は少し肌寒かった。感動と併せて身震いした。今回の旅は今西夫妻と楽しい時間を過ごせたたし、大綱引の枝綱も頂けたし、ずっと待ち望んだ**カノープス**にも出合えた。本当に嬉しい旅になった。

福岡に帰る便で、真っ青な海の中にハート型の宝島がいつもよりはっきりと見えた。パイロットが、「皆様、只今左手に宝島が見えています」とアナウンスする声が聞こえて来た。

完

よっしー　くっにーの
沖縄・離島　見聞録

発行日　2015年 5 月 5日　　　初版第1刷

著　者　よっしー＆くっにー
発行者　東　保　司

発行所
櫂歌書房《とうかしよはう》

〒811-1365　福岡市南区皿山4丁目14-2
TEL　092-511-8111　FAX　092-511-6641
E-mail:e@touka.com　http:www.touka.com